全国中等职业技术学校汽车类专业教材

汽车调漆习题册

中国劳动社会保障出版社

图书在版编目（CIP）数据

汽车调漆习题册/胡小牛主编. —北京：中国劳动社会保障出版社，2015
全国中等职业技术学校汽车类专业教材
ISBN 978 - 7 - 5167 - 1832 - 2

Ⅰ. ①汽…　Ⅱ. ①胡…　Ⅲ. ①汽车-涂漆-中等专业学校-习题集　Ⅳ. ①U472. 44 - 44

中国版本图书馆 CIP 数据核字(2015)第 083524 号

中国劳动社会保障出版社出版发行
（北京市惠新东街 1 号　邮政编码：100029）
*
郑州市运通印刷有限公司印刷装订　新华书店经销
787 毫米×1092 毫米　16 开本　5 印张　117 千字
2015 年 5 月第 1 版　2021 年 12 月第 3 次印刷
定价：9. 00 元

读者服务部电话：(010)　64929211/84209101/64921644
营销中心电话：(010)　64962347
出版社网址：http://www.class.com.cn
http://jg.class.com.cn

目　录

单元一　汽车调漆概述

课题一　汽车涂料简介

一、填空题（将正确答案填写在空白处）

1. 汽车涂料基本是由________、________、________和__________组成。

2. 按涂料在涂膜中所起的作用不同，涂料可分为________、________、________和____________等。

3. 涂料按是否含有颜料，可分为________、________和__________________________。

4. 汽车涂层的作用有____________、____________、____________和____________。

5. 汽车涂层由__________、______________、__________和____________构成。

6. 汽车涂装是提高汽车产品的______________，延长其____________的主要措施之一。

7. 汽车调漆包括____________和____________两个工序。

8. 汽车涂料一般分为________________和________________。

9. 颜料分为______________、体质颜料、______________三种。

10. 常用的溶剂有______________、烯类溶剂、醇类溶剂、______________、酮类溶剂、醇醚类溶剂以及氯化烃类溶剂和________。

二、选择题（将正确的选项填写在横线上）

1. 汽车外表的________以上都是涂装表面。

A. 70%　　B. 80%　　C. 90%　　D. 100%

2. 单组份色母使用时与配套稀释剂使用，一般配比为________。

A. 1:0.5　　B. 1:1　　C. 1:2　　D. 2:1

3. 当室外温度为15～28℃时，应选用________固化剂。

A. 快干　　B. 标准　　C. 慢干　　D. 超慢干

4. 当室外温度为15～28℃时，应选用________稀释剂。

A. 快干　　B. 标准　　C. 慢干　　D. 任意

5. 在调配珍珠或银粉漆时，如果较浓，则可以加入1K调和树脂进行冲淡，但添加时应控制在________以内，过多会使遮盖力变差。

A. 5%　　B. 10%　　C. 15%　　D. 20%

6. ________大多为天然白色或无色物，主要用于改进涂料性能并降低成本。

A. 着色颜料　　B. 体质颜料　　C. 防锈颜料　　D. 无机颜料

7. 二甲苯属于________类溶剂。

A. 烃类　　B. 烯类　　C. 酸类　　D. 醇类

8. 虽然添加剂在涂料中的比例不超过________，但起着重要的作用。

A. 5%　　B. 10%　　C. 15%　　D. 20%

9. 按照涂料中主要成膜物质的不同，涂料可分为________类。

A. 8　　B. 12　　C. 16　　D. 18

10. 汽车修补漆必须能与原厂漆相匹配，并能在________℃温度下烘烤成膜。

A. 40~60　　B. 60~80　　C. 80~100　　D. 100~120

三、判断题（对的打“√”，错的打“×”）

1. 汽车涂装是指将涂料涂覆于经过处理的汽车底材表面上，经过干燥成膜的一种工艺。（　）

2. 涂料中可以根据需要添加添加剂，但添加量不能超过10%。（　）

3. 轿车涂层总体厚度一般控制在100 μm左右。（　）

4. 汽车修补漆必须与原厂漆相匹配，并能在120℃温度下烘烤成膜以适应手工涂装。（　）

5. 局部修补时，通常用驳口水溶接2K色漆、2K清漆漆膜的新旧接口位置，能使新旧漆膜融为一体，无修补痕迹。（　）

6. 怎么调出与原车身颜色相同的面漆，做到无痕修补是汽车修补涂装首要解决的问题。（　）

7. 按照使用效果不同，涂料可分为清漆、色漆和原子灰。（　）

8. 面漆涂装得好坏，主要取决于其本身性能与前工序处理得好坏。（　）

9. 根据固体含量的多少，清漆分为低浓清漆和中浓清漆。（　）

10. 稀释剂能提高涂膜附着力，降低涂膜黏度，增加涂膜平滑程度。（　）

四、简答题

1. 汽车涂装的作用是什么？

2. 汽车面漆应具备哪些性能？

3．在汽车修补过程中，与面漆配套使用的产品有哪些？各自有何作用？

4．什么是色母？汽车修补涂装用的色母有哪些类型？

五、实践与练习

参观汽车修理厂涂装车间的涂料仓库，认识汽车涂料，并完成以下作业。

1．汽车涂料仓库储存了哪些汽车涂料？主要涂料是什么？整体上有哪些品牌的涂料？怎样才能做到分类存放？

2．请将看到的涂料记录下来，每一种涂料选出一罐作代表，将其品牌和标号填写在下面的表格里。

涂料种类	涂料名称	涂料品牌	涂料标号
汽车面漆	溶剂型双组份素色漆		
	溶剂型单组份素色漆		
	溶剂型银粉漆		
	溶剂型珍珠漆		
	1K 树脂		
	2K 树脂		

续表

涂料种类	涂料名称	涂料品牌	涂料标号
汽车面漆	控色剂 A		
	控色剂 B		
	水性素色漆		
	水性银粉漆		
	水性珍珠漆		
汽车面漆辅料	标准固化剂		
	标准稀释剂		
	驳口水		
	防走珠水		
	催干剂		
	化白水		
	除油剂		
底漆和衬漆系列	磷化底漆		
	环氧底漆		
	塑料底漆		
	中涂底漆		
	封闭底漆		
原子灰系列	普通原子灰		
	合金原子灰		
	填眼灰		

课题二　调漆作业安全与防护

一、填空题（将正确答案填写在空白处）

1. 汽车涂料中主要的有害物质是______________或________。

2. 汽车涂装作业经常使用的手套有__________、__________、__________三种。

3. 常见的呼吸保护器有________、____________和__________三种。

4. 滤毒罐中的活性炭滤芯的有效工作时间为________。

5. 调漆时需要佩戴护目镜，护目镜镜片进行了特殊处理，具有________功能，以保证涂装作业的正常进行。

6. 调漆作业使用的安全帽有__________和__________两种。

7. 眼睛和脸部的防护用具有________、护目镜和__________三种。

8. ______工作服主要用于打磨、贴护等场所，________工作服用于喷漆、调漆等环境。

9. 调漆中心用电设备及照明电器应采用______________，确保______________。

10. 在涂装作业时，应穿戴有________________及________的安全工作鞋。

二、选择题（将正确的选项填写在横线上）

1. 长期接触________会引起慢性中毒，形成白细胞减少、血小板降低、骨髓造血功能发生障碍等疾病。

A. 铬　　B. 铅　　C. 锌　　D. 苯

2. ________适合在修补涂装中处理底材、手工除锈、除旧漆和干磨原子灰时使用。

A. 防尘口罩　　B. 滤筒式防毒面具

C. 供气式防毒面罩　　D. 棉纱口罩

3. ________用于除油、清洗喷枪等与溶剂直接接触的场合。

A. 棉纱手套　　B. 乳胶手套　　C. 防溶剂手套　　D. 防滑手套

4. 防尘口罩可以滤掉在修补涂装中处理底材等作业过程中________以上的尘埃颗粒。

A. 70%　　B. 80%　　C. 90%　　D. 95%

5. 当工作服上着火时，切勿惊慌失措，应采用________灭火。

A. 泡沫　　B. 干粉　　C. 水　　D. 就地打滚

6. 调漆作业通常使用________保护呼吸系统。

A. 防尘口罩　　B. 滤筒式防毒面具　　C. 供气式防毒面具　　D. 棉纱口罩

7. 调漆作业时需要佩戴________手套。

A. 棉纱　　B. 防滑　　C. 防溶剂　　D. 乳胶

8. 调漆间内只预留存放________天的涂料量，以及少量与其配套的漆料、辅料。

A. 1～2　　B. 2～4　　C. 3～5　　D. 5～7

9. 液体溶剂、涂料类失火应采用________灭火器灭火。

A. 酸碱式　　B. 泡沫式　　C. 二氧化碳　　D. 四氯化碳

三、判断题（对的打“√”，错的打“×”）

1. 调漆作业中，活性炭对磁漆、硝基漆以及其他非氰化涂料有较好的防护效果，但对氰化涂料则无防护效果。（　　）

2. 电气设备失火，应该用水赶紧泼灭。（　　）

3. 干粉灭火器适用于火源集中、泡沫容易堆积等场合的火灾扑救。（　　）

4. 在涂装过程中，如果手上沾上油漆，可以用香蕉水洗手。（　　）

5. 滤毒罐中的活性炭滤芯通常用无毒、无味、无过敏源和无刺激性材料制成，可以吸附空气中的有害物质。（　　）

6. 滤芯中的活性炭对氰化涂料无防护作用。（　　）

7. 防溶剂手套适用于刮涂、调色、喷涂等与溶剂不直接接触的场合。（　　）

8. 泡沫式灭火器一般适用于液体溶剂、涂料类火灾灭火。（　　）

9. 稀释剂、清漆、色漆着火时可以用水浇灭。（　　）

10. 调漆作业无噪声，不需要佩戴耳塞。（　　）

四、简答题

1. 常见的灭火方法有哪三种？

2. 简述涂装中三种常用呼吸保护器的作用和使用场合。

3. 调漆间的6S管理包括哪些内容？

4. 汽车涂料中对人体有危害的主要物质有哪些？

五、实践与练习

1. 简述学校配备的普通灭火器与汽车涂装车间配备的灭火器有什么不同，查找相关资料，了解汽车涂装车间配备灭火器的使用方法。

图 1—2—1　普通灭火器

图 1—2—2　汽车涂装车间配备的灭火器

2. 如果汽车涂装车间着火，你准备怎样灭火？

单元二　面漆调色设备的使用

课题一　面漆调色工具和设备的使用

一、填空题（将正确答案填写在空白处）

1．配色天平的精确度一般为________。

2．光源代号 D65 的光源名称为__________________________。

3．调漆杯一般都是用塑料制成，具有质量轻、__________、耐高温、__________等特点。

4．调漆尺可以用来__________和__________。

5．比色灯箱是在光线不好的情况下模拟__________的环境进行调色。

6．汽车面漆调色的主要工具和设备有__________、样板、调漆杯、调漆尺、色卡、____________、烘箱、调漆机等。

7．调漆杯根据杯子硬度的不同，可以分为_____________和_____________。

8．样板根据其使用的材质不同，有____________、____________和纸质样板。

9．电子秤由托盘秤、_____________和_____________组成。

10．调漆机又称为涂料搅拌机，是用来_____________色母的调色设备，有 32、38、59 和________等各种规格。

二、选择题（将正确的选项填写在横线上）

1．调色比例不可以采用________方法确定。

A．称重　　B．比例尺

C．调漆杯上比例刻度　　D．目测

2．比色灯箱使用时根据客户要求选择不同的光源进行比色，客户没有指定光源的，通常使用________光源。

A．TL84　　B．D65　　C．U30　　D．INCA

3．UV 的光源名称是________。

A．美式商用光源　　B．比色参考光源

C．紫外光源　　D．水平日光

4．INCA 的光源名称是________。

A．美式商用光源　　B．橱窗射灯

C．紫外光源　　D．国际标准人工日光光源

5．电子秤中菜单栏有三项选择，分别为 g、OZ、P，其中 OZ 是________。

A．克　　B．盎司　　C．英镑　　D．千克

6. 汽车调色常用电子秤的量程可达________g，精确度为0.1 g。

A. 2 500　　B. 5 000　　C. 7 500　　D. 10 000

7. 由于涂料中的树脂、溶剂及颜料的________不同，经过一段时间就会分离。

A. 质量　　B. 重量　　C. 密度　　D. 体积

8. 调色用烘箱配置有________h 的时间控制器，并与报警装置相连接。

A. 9.99　　B. 99.99　　C. 999.99　　D. 9 999.99

9. 调漆杯根据大小不同，有0.2 L、0.3 L、0.5 L、1 L、________L 等不同容量。

A. 1.2　　B. 1.3　　C. 1.5　　D. 2

三、判断题（对的打“√”，错的打“×”）

1. 涂料在使用以前需要充分混合，以防沉淀。（　）
2. 放置电子秤时要远离高温、振动区。（　）
3. 在调漆过程中，比例尺可以当作搅拌杆使用。（　）
4. 在比色过程中，眼睛要长时间盯着试验样板看，以便做出准确判断。（　）
5. 只要等到试验样板上涂膜表面干了就可以与标准样板进行比色。（　）
6. 样板是汽车调色中用来比色的调色工具。（　）
7. 比色灯箱是一种模拟自然光环境的调色设备。（　）
8. 烘箱是一种用来强制烘干零件或试验样板的设备。（　）
9. 为了方便比色，比色灯箱的内壁采用中白色亚光面。（　）
10. 样板尺寸越大，越不利于颜色的比较。（　）

四、简答题

1. 简述调漆机的作用及其组成部分。

2. 写出比色灯箱的五种光源代号及其名称。

3. 在调色过程中使用的样板如何分类?

4. 简述电子秤的使用方法。

五、实践与练习

1. 查找 CRS－比色灯箱的产品说明书，说出各个光源代号对应的名称、光源特点和使用场合。

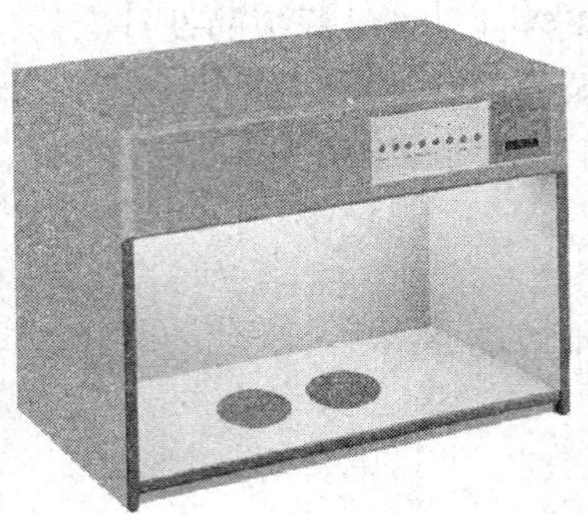

图 2—1—1　CRS－比色灯箱

（1）D65：____

____。

（2）TL84：____

____。

（3）CWF：____

____。

（4）F：____

____。

（5）UV：____

____。

（6）U30：____

____。

2. 写出 CRS – 比色灯箱的使用方法。

课题二　颜色配方查询设备的使用

一、填空题（将正确答案填写在空白处）

1. 电脑调色系统由__________、__________、阅读机及__________等组成。
2. ________是油漆厂家及汽车生产厂家用于颜色质检的必备工具之一。
3. ________是高质量修补作业的关键之一。
4. 测色仪器是将________________转换成________________传给软件。
5. Ounces 的单位名称是________，Grams 的单位名称是________。
6. 调色电脑内装有______________，储存了大量的______________和其他电子颜色资料。
7. 测色仪由配色检测仪、__________、连接线、______________、白色校准板等组成。
8. 色卡有按汽车厂商及品牌来划分的____________和按色系划分的____________。
9. 色卡是根据不同的______________做出来的颜色卡片。

二、选择题（将正确的选项填写在横线上）

1. 在测色前，用________擦拭测量板，去除污垢，保证读数精确。
   A. 抹布　B. 粘尘布　C. 除油剂　D. 汽油
2. 从 PPG 色卡上不能查到________信息。
   A. 颜色代码　B. 颜色名称　C. 配方　D. 品牌代码
3. 色卡左下角 NO. 1 的含义是________。
   A. 第一种颜色　B. 主色　C. 本色　D. 色母
4. 色卡左下角显示字母“L”的含义是________。
   A. 更广　B. 更干净　C. 更浅　D. 更浓
5. 在选择颜色匹配率时，素色漆的匹配比率数值必须________。
   A. 小于 20　B. 小于 10　C. 大于 15　D. 大于 10
6. 色卡上通常有________、颜色名称、品牌代码等信息。
   A. 色母型号　B. 颜色配方　C. 颜色成分　D. 颜色代码

7. 车身颜色代码不可能位于车身的________上。

A. 散热器支架　B. 门锁支柱　C. 保险杠　D. 挡泥板

8. 测色仪的主要作用是________。

A. 查询颜色配方　B. 检测颜色参数

C. 储存颜色配方　D. 修正颜色配方

9. 颜色配方查询的模式有颜色代码查询法、________查询法、综合信息查询法三种。

A. 车辆信息代码　B. 颜色品牌代码

C. 颜色编码　D. 车型编码

10. 在车身上找不到颜色代码同时又没有颜色资料时，可以通过________查询。

A. 综合信息　B. 颜色代码　C. 品牌代码　D. 颜色名称

三、判断题（对的打“√”，错的打“×”）

1. 测色仪用来测金属、珍珠漆通常不是很准确。（　）
2. 为了获得最接近的颜色参数，每次测色都必须读满 5 个值。（　）
3. 测色仪每使用一天，需要校准一次。（　）
4. 在选择匹配颜色配方时，金属漆的匹配比率数值必须小于 15。（　）
5. 在选择匹配颜色配方时，匹配比率的数值越大，匹配率越高。（　）
6. 颜色有偏差时，测色仪自动修正配方，快速调整色母比例。（　）
7. 现代修补调色通常使用按照色系划分的调色色卡。（　）
8. 市场上的调色软件较多，不同色母系统对应的调色软件也不同。（　）
9. 颜色配方查询是电脑调色的基础和前提。（　）
10. 测色仪主要的作用是查询车身颜色的配方。（　）

四、简答题

1. 汽车修补作业时，调色配方确认的方法有哪三种？

2. 用调色软件查询颜色配方有哪几种方法？

3．简述汽车电脑调色的基本原理。

4．在快配色方面，测色仪具有哪些功能？

五、实践与练习

1．请从颜色资料箱（见图2—2—2）中找出丰田汽车公司2008年出厂的白色YARIS汽车的标准色卡，并写出查找的方法。

图2—2—2　颜色资料箱

2. 将白色 YARIS 丰田汽车的标准色卡上所有的颜色信息填写在下面横线上。

（1）颜色代码：____。

（2）品牌代码：____。

（3）颜色名称：____。

（4）汽车型号：____。

（5）主色标号：____。

（6）色卡编号：____。

单元三　面漆调色基础

课题一　面漆的选用与用量估计

一、填空题（将正确答案填写在空白处）

1. 汽车面漆涂层不但具有色泽艳丽、______________的装饰效果，而且还应具有良好的____________、耐水、耐磨、耐油及耐化学腐蚀性。

2. 按照溶剂构成情况不同，汽车修补面漆可以分为__________面漆和________面漆。

3. 普通金属漆主要由树脂、______________、______________、溶剂、分散剂等组成。

4. 普通金属漆的施工包括____________喷涂和____________喷涂两步工序，所以又称为双工序面漆。

5. 云母颗粒是以云母作为基础材料，其外包裹有______________或__________薄膜的一种效应颜料。

6. 已修补过的车身涂层可以用打磨法、________________、加热处理法、测量硬度法和________________来鉴别车身原涂层涂料的类型。

7. 面漆性能的好坏，主要取决于______________的好坏，但与其相配套底漆的性能、配套性和____________也有较大关系。

8. 面漆用量估计的方法有__________、________________两种。

9. 施工条件是指施工时的____________、湿度、______________、风速、照明度等。

10. 影响面漆消耗量的因素有________________、涂装方法和设备、被涂物面的情况、________________和施工条件等。

二、选择题（将正确的选项填写在横线上）

1. 素色漆在涂膜厚度达到________ μm 后即可显现完全的色调。

   A. 25　　B. 50　　C. 75　　D. 100

2. 普通金属漆通常喷涂________ μm 的膜厚即可完全遮盖底层。

   A. 10～20　　B. 20～30　　C. 30～40　　D. 40～50

3. 新车修补可通过车身________确定车身涂膜类型。

   A. 涂膜颜色　　B. 测色仪　　C. 涂膜厚度　　D. 颜色代码

4. 打磨后，砂纸或抛光布上粘有原涂层面漆的颜色，则车身面漆为________涂料。

   A. 抛光型　　B. 聚丙烯型　　C. 单工序　　D. 双工序

5. 用一块在清漆溶剂中浸泡过的白色抹布擦拭旧涂膜，如果涂膜不溶解，则旧涂膜为________涂料。

A. 催化固化型　B. 溶剂挥发型　C. 双组份型　D. 单组份型

6. 修补面漆要能在________℃温度下烘烤成膜，适用于手工涂装。

A. 30～40　B. 50～60　C. 60～80　D. 80～100

7. 普通空气喷涂的涂着率只有________，涂料的消耗量相对较大。

A. 20%～40%　B. 30%～50%　C. 40%～60%　D. 50%～70%

8. 为了充分估计施工中的不确定因素对涂料消耗量的影响，一般在估计的基础上再增加________的余量。

A. 10%～20%　B. 20%～30%　C. 30%～40%　D. 40%～50%

9. 涂料的用量在实际生产中经常采用体积单位，涂料的最小用量为________L。

A. 0.05　B. 0.1　C. 0.2　D. 0.5

10. 一扇车门整喷单工序素色漆，需要________L油漆。

A. 0.1～0.2　B. 0.2～0.4　C. 0.3～0.5　D. 0.4～0.6

三、判断题（对的打“√”，错的打“×”）

1. 素色漆是将非常细小的着色颜料均匀地分散在树脂基料中而制成的油漆。（　）

2. 丙烯酸树脂漆属氧化固化干燥型涂料。（　）

3. 聚氨酯漆的耐候性能、施工性能、低温固化性能等优于其他涂料。（　）

4. 普通金属漆通常为双组份涂料，多采用丙烯酸聚氨酯型树脂。（　）

5. 清漆是由树脂和溶剂组成的涂料，漆中不含颜料，不需要经过调色就可以直接使用。（　）

6. 用红外线烤灯进行加热失光的涂膜，如果涂膜表面重新恢复光泽，则可以判定涂膜为清漆。（　）

7. 双组份反应型和烘干型涂料干燥后形成的涂膜硬度高，挥发干燥型涂膜的硬度低。（　）

8. 颜色越浅，遮盖力就越差，涂料的消耗量也就越大。（　）

9. 考虑修补面漆的施工性能是选择面漆的首要问题。（　）

10. 珍珠漆也同普通金属漆一样，需要在珍珠层上喷涂罩光清漆来提高光泽度和鲜映性。（　）

四、简答题

1. 简述普通金属漆的特点。

2．怎样用溶剂法鉴别车身原涂层涂料的类型？

3．简述车身面漆选用的步骤。

4．影响面漆消耗量的因素有哪些？

五、实践与练习

一辆汽车的后翼子板已经完成了中间涂层的涂装，现在需要选用面漆。

图3—1—1（彩色图见封2）

1. 修补图中损伤涂膜需要选择什么类型的面漆？要修补好损伤涂膜需要多少毫升的油漆？

2. 说明选择此种类型面漆和确定面漆用量的理由。

课题二　颜色的分析与定位

一、填空题（将正确答案填写在空白处）

1. 物体颜色产生的三个物理要素是________、________、______________。

2. 光线是指能够在人的______________上引起颜色感觉的______________。

3. 物体只______________属于本身颜色特性的光，其他颜色的光均被物体________了。

4. 物体的颜色可分为__________和__________两大类。

5. 缺乏色觉或色觉不全称为色盲，色盲可分为__________与______________。

6. 视错觉一般被分为图像本身的构造导致的________________，感觉器官引起的生理视错，心理原因导致的____________三种。

7. __________________等色调明度最高，__________________等色调明度最低。

8. 彩度是指反射或透射光线接近__________的程度，或者表示为离开相同明度____________的程度。

9. 目前国际上广泛采用________________系统作为分类和标定颜色的方法。

10. 任何颜色都可用孟塞尔颜色立体上的________、________和________这三项坐标进行标定。

二、选择题（将正确的选项填写在横线上）

1. 人眼所能感受到的光谱波长范围在________ nm 之间。

A. 180 ~ 480　　B. 280 ~ 680　　C. 380 ~ 780　　D. 480 ~ 980

2. 一种物体如果反射了太阳光中全部单色光的________以上时，就呈现白色。

A. 15%　　B. 35%　　C. 55%　　D. 75%

3. 颜色的三属性分别是色调、明度和________。

A. 色相　　B. 亮度　　C. 彩度　　D. 灰度

4. ________是颜色彼此相互区分最明显的特征。

A. 色调　　B. 明度　　C. 彩度　　D. 饱和度

5. 人眼对明暗的改变很敏感，反射光的明度变化________人眼也能感觉出来。

A. 0.1%　　B. 1%　　C. 5%　　D. 10%

6. 物体颜色的彩度取决于该物体表面反射________的选择性。

A. 光谱色光　　B. 反射效率　　C. 明暗度　　D. 单色光

7. 色彩的彩度与物体的________有关。

A. 形状　　B. 大小　　C. 颜色　　D. 表面结构

8. 孟塞尔颜色系统中把颜色立体水平剖面上的各个方向代表________种色调。

A. 3　　B. 5　　C. 6　　D. 10

9. 孟塞尔颜色系统中央轴代表白黑系列中性色明度的________个等距离等级。

A. 8　　B. 10　　C. 11　　D. 12

10. 孟塞尔颜色系统将彩度分为________个等级，中央轴上的彩度为0。

A. 0~10　　B. 0~12　　C. 0~14　　D. 0~16

三、判断题（对的打“√”，错的打“×”）

1. 比色背景应以淡色色调为主，要避免鲜艳、反色的调色环境。（　　）
2. 物体表面对光反射率在10%~75%之间时，物体就呈现灰色。（　　）
3. 部分色盲多为红绿色盲或蓝色盲。（　　）
4. 黄绿和青这两个色调的描述在实际调色时经常用到。（　　）
5. 在色环图上，每一个色调区域分布的不是单一的基本色调。（　　）
6. 相同色彩物体表面的反射率越高，它的明度就越低。（　　）
7. 任何一种颜色如果加入白色，可以提高混合颜色的明度。（　　）
8. 物体对光谱某一较窄波段的光反射率越高，其彩度就高。（　　）
9. 加入的不同品种的颜色越多，混合颜色的彩度就越低。（　　）
10. 1R为偏黄的红色，8R为偏紫的红色，10R为偏紫很多的红色。（　　）

四、简答题

1. 解释“7B3/10”的含义。

2．物体的颜色是怎样产生的？

3．什么是颜色的三属性？

4．什么是彩度？物体的颜色与哪些因素有关？

5．孟塞尔颜色系统色调表示法是如何表示色调的？

五、实践与练习

对照下面的色轮图和简易颜色立体模型，对给定的颜色进行定量分析，并写出颜色标定的表达式。

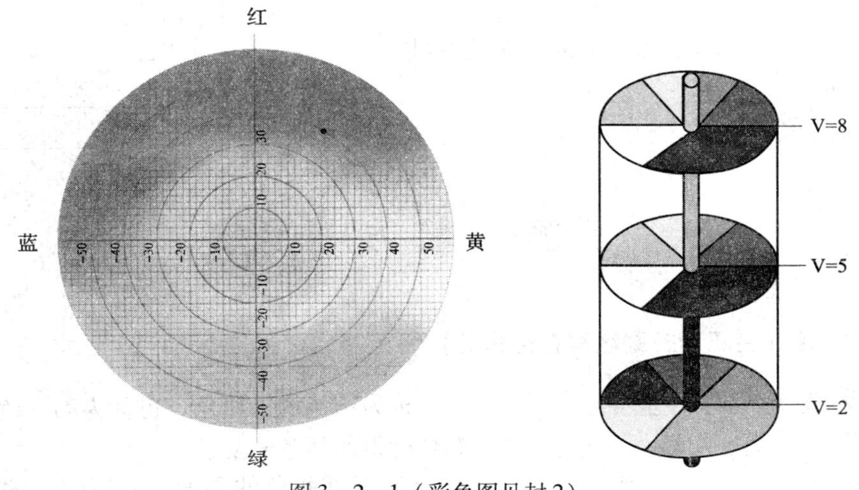

图 3—2—1（彩色图见封 2）

1．对下面的颜色 A 和颜色 B 进行颜色分析。

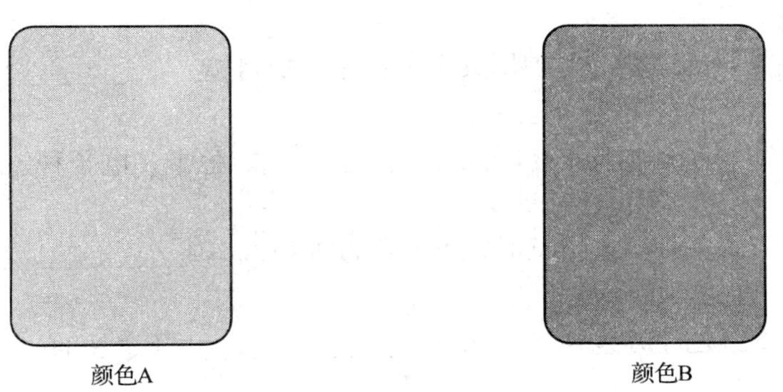

图 3—2—2（彩色图见封 2）

（1）对颜色 A 的分析：

（2）对颜色 B 的分析：

2. 写出颜色 A 和颜色 B 颜色标定的表达式。

（1）颜色 A：____。

（2）颜色 B：____。

课题三　配 方 调 色

一、填空题（将正确答案填写在空白处）

1. 通常把________、________、________称为物体的三原色，也称为第一色。

2. ____________或____________混合所得的颜色叫复色。

3. 调色时加入________或________可明显地降低颜色的彩度，使原颜色的色调减弱、改变，甚至消失。

4. 汽车涂装修补人员按照____________，将修补面漆色母混合成与车身颜色一致或相近的过程叫作__________。

5. 进行调色作业应穿戴的防护用具有工作帽、护目镜、____________、防静电工作服、____________、工作鞋等。

6. 面漆调色需要准备的工具和设备有__________、色卡、电子秤、调漆杯、调漆尺、施涂试杆、__________和比色箱等。

7. 在车身上查找不到颜色信息时，可以通过查找汽车____________或汽车涂料商提供的__________查找颜色代码。

8. 电脑查询的颜色配方包含涂料总量、____________及添加的__________和累加量等信息。

9. 素色漆调色可以用__________和__________制作比色样板。

10. 选取时要认真确认色母__________和__________，确保与配方中所列的色母一致。

二、选择题（将正确的选项填写在横线上）

1. 用于调色中基本颜色的涂料称为色母，一套色母系统只有________种色母。

A. 几　　B. 十几　　C. 几十　　D. 几百

2. 单组份油漆一般采用________施工方式，而双组份采用________施工方式。

A. 单工序，双工序　　B. 双工序，单工序

C. 单工序，多工序　　D. 多工序，单工序

3. 黄色的互补色是________。

A. 蓝色　　B. 紫色　　C. 蓝紫色　　D. 紫红色

4. 在调色完毕________ min 以后才能关闭供排风系统，以便充分排出有机溶剂蒸气。

A. 3　　B. 5　　C. 10　　D. 15

5. 色母上调漆机之前，先用振动机摇动________ min 将其摇匀。

A. 3 ~ 5　　B. 5 ~ 10　　C. 10 ~ 15　　D. 15 ~ 20

6. 每天上午和下午各开动调漆机一次，每次搅拌的时间为________ min。

A. 3 ~ 5　　B. 5 ~ 10　　C. 10 ~ 15　　D. 15 ~ 20

7. 色母上架后的保质期一般不超过________年，时间太长会使色母质量下降。

A. 0.5　　B. 1　　C. 1.5　　D. 2

8. 一般情况下，每三小滴色母的质量大约为________ g。

A. 0.1　　B. 0.3　　C. 0.5　　D. 1

9. 试板刮涂三角形的边长要在________ mm 以上。

A. 10　　B. 20　　C. 30　　D. 40

10. 测色仪联机或离线操作均可，离线时一定要让测色仪适应环境温度________ min 左右。

A. 3　　B. 5　　C. 10　　D. 15

三、判断题（对的打"√"，错的打"×"）

1. 在颜色调配时，如果某种色漆的含量多，则混合成的颜色就带有含量多的原色。（　　）
2. 绿色的互补色是红色。（　　）
3. 消色通常在颜色转向调整时使用。（　　）
4. 添加色母时，应按照质量从大到小依次添加和称量。（　　）
5. 色母的称量一般不使用色母的绝对量，而使用累积量。（　　）
6. 添加色母，当读数还差 0.5 g 左右时，采取滴加方式。（　　）
7. 搅拌的速度不能过快，否则会使涂料混入空气而产生大量的气泡。（　　）
8. 金属漆和水性漆比色样板的制作只能采用喷涂法。（　　）
9. 快速配方调色比较准确，往往用于调色要求高的场合。（　　）
10. 修补原厂涂膜破损的区域，通过查找原厂颜色代码和颜色配方进行调色的方法比较准确。（　　）

四、简答题

1. 什么是互补色？在调色过程中怎样正确使用互补色？

2. 简述常规配方调色的基本施工流程。

3. 色母的使用与管理有哪些注意事项？

4. 简述快速配方调色的原理和特点。

5. 简述快速配方调色的操作程序。

五、实践与练习

请按照下图所示的颜色配方，调制 200 mL 白色素色漆，并写出配方调色的操作步骤。

代码	色母名称	g 添加量	g 累加量
D753	BASECOAT WHITE	243.4	243.4
D969	TRACE YELLOW OXIDE	2.1	245.5
D967	TRACE BLACK	1.5	247.0
D968	TRACE RED OXIDE	0.2	247.2

图 3—3—1

课题四　视 觉 比 色

一、填空题（将正确答案填写在空白处）

1. 物体的颜色会因________、物体、_______________等不同而变化。

2. 视觉比色就是把_________________和_________________放在一起，用肉眼观察它们颜色是否相同的方法。

3. 试样颜色比对的方法有比较法、___________、_____________和制作色漆样板法。

4. 两个样板在某一光源下观察是等色的，而在另一种光源下观察是不等色的，这种现象称之为_____________。

5. 观察色板需要采用_____________和_____________的方法。

6. 金属漆除了分析颜色的三属性外，还要观察涂膜正、侧面的_____________，以及金属颗粒的_______________。

7. 常见的色母指南资料有_________和___________。

8. 在进行视觉比色时，会因不同的观察者、_____________、_____________、周围环境、试样大小等影响而产生差别。

9. 物体在太阳光的照射下呈现出颜色叫作物体的__________。

二、选择题（将正确的选项填写在横线上）

1. ________是把调漆尺上涂料的颜色与车身颜色直接进行比对。
   A. 比较法　B. 点漆法　C. 涂抹法　D. 制作样板法
2. 常用比色样板的大小一般为________。
   A. 50 mm×60 mm　B. 80 mm×100 mm
   C. 120 mm×120 mm　D. 150 mm×200 mm
3. 用于视觉比色的光照强度一般控制在________ lx 之间。
   A. 1 000~2 000　B. 1 500~3 000
   C. 1 000~3 000　D. 2 000~3 000
4. 如果没有阳光，则必须使用专用________进行比色。
   A. 日光灯　B. 白炽灯　C. 紫外灯　D. 配色灯
5. 正面观察是指目光以90°正视色板，用于观察表面________。
   A. 色调　B. 明度　C. 彩度　D. 颜色
6. 观察较小的物体一般保持________ m 左右的距离。
   A. 0.5　B. 1　C. 3　D. 5
7. 侧面观察是以与色板呈________的侧角来观察，主要用于观察底色调。
   A. 15°或160°　B. 25°或140°
   C. 45°或110°　D. 65°或110°
8. 在模拟日光条件下观察颜色，以________光源为佳。
   A. U30　B. TL84　C. UV　D. D65
9. 比色样板与目标板在任何光源下观察都完全等色，称为________。
   A. 同色同谱　B. 同色异谱
   C. 异色同谱　D. 异色异谱
10. 视觉比色时，初学者最好借助________等辅助工具来进行辨色。
   A. 色母特性表　B. 颜色树
   C. 色环图　D. 色轮图

三、判断题（对的打“√”，错的打“×”）

1. 粗糙的表面固有色表现较强，而且不易受环境色干扰。（　）
2. 在彩色环境下看到物体的颜色是真实的。（　）
3. 点漆法存在涂层厚度不一带来的色差。（　）
4. 视觉比色通常采用南边窗进入的自然光线。（　）
5. 调色人员不能穿颜色鲜艳的衣服进行调色，不能戴有色眼镜调色。（　）
6. 观察完鲜艳颜色后，可以立即观察较为暗淡的颜色。（　）
7. 在色轮图上，某一色调只可能向其左右相邻区域的色调发生偏向。（　）
8. 在颜色的三属性中，明度比较难于分辨。（　）
9. 色母在色轮上的位置越靠近色轮的中心，颜色就越鲜艳、越亮。（　）
10. 观察较大物体的颜色一般要保持3~5 m的距离。（　）

四、简答题

1．试样颜色比对的方法有哪些？各自有什么特点？

2．视觉比色对周围环境有哪些要求？

3．简述视觉比色的方法。

4．素色漆的色差分析与金属漆的色差分析有什么不同？

五、实践与练习

根据颜色的三属性，分析 A、B 两块颜色样板，完成下列问题。

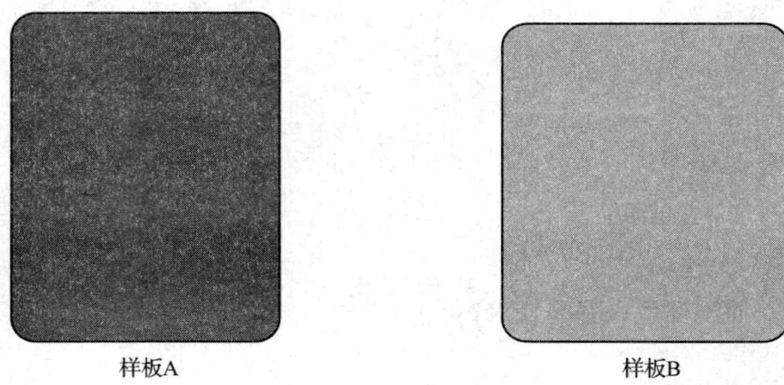

图 3—4—1（彩色图见封 2）

1. 样板 B 与样板 A 之间的颜色差异是什么？

2. 怎样才能将样板 B 的颜色调为样板 A 的颜色？

课题五　手 工 微 调

一、填空题（将正确答案填写在空白处）

1. 汽车涂料的________和________不同，车身颜色与原厂颜色也会出现差异。

2. 颜色微调是采用纯粹的手工进行颜色的____________，所以又称为____________或精细调色。

3. 颜色配方分析包括配方中______________，配方中的主色、副色和次色，哪些色母缺少会产生______________，哪些色母缺少会产生明度和彩度的变化等。

4. 颜色比较前，要对比色的目标板进行________、________和清洁，使目标板露出本来的颜色。

5. 比色时，将两个板件对准光源，眼睛从________、________和________三个位置进行观察。

6. 调银粉漆要利用粗细搭配和__________、白色、__________来调整正侧面。

7. 根据遮盖力的不同，所有的色母可以分为________________、遮盖力较差的色母和__________三大类。

8. 添加所缺色母的__________过大，容易造成添加过量，导致____________。

9. 当银粉漆比车身颜色浑浊时可加浅色或________将原色冲淡，再加入__________。

10. 手工微调要本着“先调________，后调________”的原则。

二、选择题（将正确的选项填写在横线上）

1. 颜色分析的目的是根据颜色差异、________、色母特性的综合分析，找出涂料颜色所缺少的色母。

A. 调色规律　　B. 颜色色调　　C. 颜色资料　　D. 颜色指南

2. 实际调色中，调漆人员经常先调________ g 或 100 g 小样。

A. 30　　B. 50　　C. 150　　D. 200

3. 刮涂或喷涂好的样板需要静置________ min 使溶剂充分挥发，然后才能烘烤。

A. 3 ~ 5　　B. 3 ~ 8　　C. 5 ~ 10　　D. 10 ~ 15

4. 向混合涂料中加入________可以提高颜色的彩度。

A. 间色　　B. 原色　　C. 复色　　D. 消色

5. 向涂料中加入________色母可提高其明度。

A. 黑　　B. 白　　C. 灰　　D. 红

6. ________色母属于遮盖力好的色母。

A. 白　　B. 艳黄　　C. 深红　　D. 标准蓝

7. 在现实调色中，很多人经常取 100 mL 配方中色母质量的________作为色母的基本添加量。

A. 5%　　B. 10%　　C. 20%　　D. 30%

8．调色需要添加配方之外的色母一定要与颜色配方中色母的________相同。

A．性质 B．成分 C．生产厂家 D．漆基类型

9．添加色母的________过小往往使混合涂料颜色变化很慢或基本无变化。

A．基本量 B．总量 C．体积 D．数量

10．当色漆比车身颜色显鲜艳时，可以加入少量________色母。

A．主色 B．副色 C．黑色或白色 D．红色或蓝色

三、判断题（对的打“√”，错的打“×”）

1．手工微调必须一点点儿地添加所缺色母，每添加一次色母都要进行颜色比较。（ ）

2．涂料颜色所缺的色母不可能是颜色配方之外的色母。（ ）

3．对比两种颜色时，只有当其色调、明度、彩度三者都相同时，这两种颜色才相同。（ ）

4．改变色母的比例不能改变颜色的色调。（ ）

5．颜色的三个属性相互独立但不能单独存在，它们之间的变化是相互联系、相互影响的。（ ）

6．加入白色或黑色的量越多，彩度越低，同时色调也相应变浅或变深。（ ）

7．涂料中加入遮盖力好的色母，颜色变化会不明显。（ ）

8．当色漆比车身颜色浅时，应加入浅色、白色或银粉来冲淡稀释。（ ）

9．调整颜色色调时，每次只针对一个变量做调整，确保色调走向正确。（ ）

10．当色漆比车身颜色显鲜艳时，可以加入少量黑色或白色色母。（ ）

四、简答题

1．什么是手工微调？

2．怎样比较实验样板与目标板的颜色？

3. 从颜色配方中可以看出哪些信息？

4. 怎样微调色漆颜色的彩度？

5. 手工微调有哪些注意事项？

五、实践与练习

通过手工微调，将实验样板上素色漆的颜色调到标准样板素色漆的颜色。

实验样板

标准样板

图 3—5—1（彩色图见封 2）

1．分析实验样板与标准样板颜色之间的差异。

2．写出颜色微调的可行性方案。

3．写出颜色微调中出现的问题及解决的办法。

单元四　面 漆 调 色

课题一　素色漆调色

一、填空题（将正确答案填写在空白处）

1．根据面漆中颜料组成的不同，车身常用修补面漆分为素色漆、____________、珍珠漆和__________。

2．素色漆又称__________、实色漆、__________或普通漆。

3．素色漆通常有__________素色漆和__________素色漆两种。

4．双工序素色漆通常用于________________的调整和珍珠漆的__________。

5．素色漆有较高的________和较好的__________，涂装后具备良好的光泽度和鲜映性。

6．素色漆调色从整体上包括____________和____________两个阶段。

7．颜色太浑浊要变清澈一点儿时，可减少____________色母，也可以加入____________使颜色彩度提高。

8．__________为整体感觉的颜色，__________为色光所呈现的颜色。

9．白色系列颜色一般以____________为主色。偏黄的加入适量的____________，有时需要加少量的铁红。

10．汽车在素色选择上喜欢明快、鲜艳的色彩，以________、________、黄色为主。

二、选择题（将正确的选项填写在横线上）

1．只含有着色颜料，呈现单一颜色的漆叫________。

A．素色漆　　B．银粉漆　　C．珍珠漆　　D．珍珠银

2．目前汽车修补面漆主要有________种方法设计色母系统。

A．1　　B．2　　C．3　　D．4

3．在涂膜干燥过程中，颜料的________对涂膜颜色的影响较大。

A．颗粒大小　　B．溶解能力　　C．上浮下沉　　D．颜色特性

4．颜色比较时，实验样板和标准样板最好________一致。

A．大小　　B．材质　　C．轻重　　D．干湿

5．黑、白色母的加入可以调整素色漆的明度，但会使涂料的________降低。

A．明度　　B．色调　　C．彩度　　D．遮盖力

6．添加色母调整色调时，以靠近________的邻近色为第一选择。

A．副色　　B．主色　　C．次色　　D．互补色

7．素色漆配方中一般只含有________种及以下的色母。

A. 6　　B. 5　　C. 4　　D. 3

8. 黄色系列中偏青偏浅的颜色以________为主色母。

A. 柠檬黄　　B. 橙黄　　C. 中黄　　D. 泥黄

9. 浓度高的色母浓度一般是低浓度色母的________倍。

A. 1~2　　B. 3~5　　C. 6~8　　D. 6~10

10. 尽量不选用________的色母作为主色。

A. 低浓度　　B. 中等浓度　　C. 高浓度　　D. 浓缩

三、判断题（对的打"√"，错的打"×"）

1. 银粉漆、珍珠漆和珍珠银统称为金属漆。（　　）
2. 调配好素色漆是调配汽车面漆颜色的基本功。（　　）
3. 色母的颜色特性由色母中树脂的显色特点决定。（　　）
4. 加入色母时，应先加入次色母，再加入副色母，最后加入主色母。（　　）
5. 调色最好不要先调色调，因为深浅不一致时色调很难比较。（　　）
6. 在保证颜色符合要求的前提下，所使用的色母品种应尽量多。（　　）
7. 观察涂膜时一定要选择明亮处的直射日光。（　　）
8. 要提高红色的明度需要加入橙色，不能加入白色。（　　）
9. 白色母和某些黄色母是比重最大的一类色母，常产生湿漆与干涂膜之间的明显颜色差。（　　）
10. 比色时，要求湿漆调配得比标准样板的颜色深。（　　）

四、简答题

1. 汽车面漆按照漆中颜料组成分为哪几类？各自有哪些特点？

2. 怎样调整素色漆的明度？

3．黄色系列素色漆颜色的调整有哪些技巧？

4．简述调配素色漆的注意事项。

五、实践与练习

一辆别克英朗轿车右后翼子板涂膜损伤，请根据调色的相关资料，调配200 mL与车身颜色一致的红色素色漆，并写出具体的调色步骤。

图4—1—1（彩色图见封3）

课题二　银粉漆调色

一、填空题（将正确答案填写在空白处）

1．涂膜中含有____________或能产生像______________的汽车面漆统称为金属漆。

2．金属漆中包含的颜料有____________、铝颜料、________________，以及一些特殊效果颜料等。

3．着色颜料按照来源可以分为____________和____________两类。

4．根据颜料颗粒的结构形状，铝颜料大体分为__________、球形和__________三种。

5．汽车银粉漆按照铝粉颗粒的闪光特性分为____________和____________。

6．按照颗粒尺寸的大小，汽车银粉漆大体可以分为细银、________、中银、中粗银、粗银和__________六种。

7．银粉漆中颗粒粗细与________有关，可以通过加入______________来调整排列。

8．在银粉漆中加入白色母使正面变________，侧面____________。

9．银粉漆色调的调整遵循以____________调整为主，以____________调整为辅的原则。

10．调整银粉漆的彩度，可通过加入________或银粉、主色或补色色母等方法调整，也可以加入少量__________以增加其鲜艳度。

二、选择题（将正确的选项填写在横线上）

1．金属漆的膜厚达到________ μm 就能显示完全色调。

A．15～20　　B．20～30　　C．25～30　　D．30～40

2．________在汽车上主要用于金属漆和鲜亮的素色漆。

A．有机颜料　　B．无机颜料

C．防腐颜料　　D．着色颜料

3．铝粉颜料随生产厂家的不同而有所不同，总体大约有________种。

A．10～20　　B．20～30　　C．30～40　　D．40～50

4．汽车银粉漆中铝粉颗粒的尺寸为________ μm。

A．7～20　　B．7～30　　C．7～40　　D．7～50

5．当铝粉平行于底材定向排列时，正面观察涂层最________，侧面观察颜色最________。

A．亮，暗　　B．暗，亮　　C．亮，亮　　D．暗，暗

6．多色银粉漆中，银粉色母决定颜色的明度和彩度，而________色母决定颜色的色调。

A．珍珠　　B．纯色　　C．底色　　D．多色

7．________时，铝粉颗粒大多平行于底材表面，正面显得比较亮，侧面比较暗。

A．雾喷　　B．湿喷　　C．干喷　　D．着色喷涂

8．调配蓝银时，根据正侧面表现可适量加入________色母来调配色调与彩度。

A．素色　　B．银粉　　C．珍珠　　D．白色

9. 使用________色母能使银粉正面变亮、变鲜艳，侧面变深、变暗。

A. 透明性　　B. 不透明性　　C. 高浓度　　D. 中等浓度

10. ________可使铝粉的反射在直接观察时大且黑。

A. 添加剂 A　　B. 添加剂 B　　C. 添加剂 C　　D. 添加剂 D

三、判断题（对的打“√”，错的打“×”）

1. 素色漆只含有着色颜料。　（　　）
2. 着色颜料是一些溶于水、油或溶剂的微小颗粒。　（　　）
3. 无机颜料颜色的鲜艳度比有机颜料好。　（　　）
4. 与铝颜料不同，钛膜云母颜料具有光的反射和折射特性。　（　　）
5. 乳白颜料与普通白颜料相比，遮盖力相对较差，但颜色丰富。　（　　）
6. 石墨颜料的遮盖力比普通黑色颜料高。　（　　）
7. 铝粉的径厚比越大，其遮盖力也就越弱。　（　　）
8. 银粉漆正侧面都太暗时，需加入银粉冲淡，以减少素色色母的比例。　（　　）
9. 银粉漆正面太亮、侧面太暗时，可以用粗银取代幼银。　（　　）
10. 银粉漆调色应尽量避免使用高浓度的白色母。　（　　）

四、简答题

1. 金属漆与素色漆有什么区别?

2. 简述汽车银粉漆的特点。

3. 简述银粉漆明度的调整方法。

4．银粉漆微调有哪些技巧？

5．银粉漆调色有哪些注意事项？

五、实践与练习

一辆宝马 3 系轿车右后车门涂膜损伤，请根据调色的相关资料，调配 400 mL 与车身颜色一致的灰色银粉漆，并写出具体的调色步骤。

图 4—2—1（彩色图见封 3）

课题三　珍珠漆调色

一、填空题（将正确答案填写在空白处）

1. 汽车珍珠漆具有很高的镜面光泽，珠光细腻柔和，__________极佳，同时又具有随视角变化而变化的____________。

2. 珍珠漆由树脂、____________、________等组成。

3. 珍珠漆按照钛膜云母颜料的颜色特性分为白珍珠、____________、着色珍珠和________四类。

4. 按照施工工艺划分，珍珠漆可以分为______________和______________两种。

5. 珍珠漆喷涂于白色底材时，涂膜颜色是______________和__________共同作用的颜色。

6. 三工序珍珠漆颜色的强度取决于________，颜色的纯净度取决于中间的________。

7. 按照珠光颜料颗粒大小不同划分，珍珠漆可分为____________、细珍珠和____________。

8. 珍珠层的颜色主要由______________和______________决定。

9. 如果想把珍珠漆调浅，可以加一些__________、______________或主色母来冲淡。

10. 红珍珠色母特性是正面__________、侧面__________，或正侧面都为鲜红色。

二、选择题（将正确的选项填写在横线上）

1. 白云母的结构是在透明云母外表面镀以________ μm 厚的二氧化钛。
A. 0.01 ~ 0.05　　B. 0.10 ~ 0.15　　C. 0.20 ~ 0.25　　D. 0.25 ~ 0.30

2. 绿珍珠属于________系列。
A. 白珍珠　　B. 干涉珍珠　　C. 着色珍珠　　D. 银珍珠

3. 黄珍珠正面反射黄光，背面透射________光。
A. 红　　B. 黄　　C. 蓝　　D. 绿

4. ________是珍珠漆独有的特色，是区别于其他金属漆的基本特征。
A. 闪光效应　　B. 多角度效应
C. 视觉闪色效应　　D. 珠光效应

5. 用银粉作为底色漆时，通常使用________的银粉。
A. 较粗较闪　　B. 较粗较暗
C. 较细较闪　　D. 较细较暗

6. 三工序珍珠漆调色制作分层样板时，一般分________层遮盖。
A. 2　　B. 3　　C. 4　　D. 5

7. 调整珍珠漆正侧面主要依靠________色母来表现。
A. 素色漆　　B. 银粉漆　　C. 珍珠漆　　D. 底色漆

8. 绿珍珠正侧面偏蓝绿时，可加入________色母与蓝珍珠。

A. 黄色　　B. 黄绿　　C. 蓝绿　　D. 蓝色

9. ________珍珠一般与蓝珍珠、红珍珠、紫珍珠、绿珍珠、白珍珠及古铜珍珠等搭配使用。

A. 黑　　B. 白　　C. 银　　D. 金

10. 珍珠漆的________可通过加入黑色母和珍珠、主色色母与补色色母等方法调整。

A. 色调　　B. 明度　　C. 彩度　　D. 色彩

三、判断题（对的打“√”，错的打“×”）

1. 着色云母是在透明云母表面只镀上氧化铁，反射光变成了红色。（　）
2. 水晶珍珠与传统珍珠最大的区别是水晶珍珠使用了高纯度的氧化铝金属取代云母作为底材。（　）
3. 三工序珍珠漆的底色漆可以是素色漆，也可以是银粉漆。（　）
4. 正常情况下，在45°角观察珍珠漆涂膜颜色时，能观察到最高的表面亮度和最大的饱和度。（　）
5. 双工序珍珠漆调色的施工程序与银粉漆调色基本一致。（　）
6. 双工序珍珠漆置于室内或较暗的地方有素色漆的感觉。（　）
7. 珍珠色母颜料比重小，容易漂浮。（　）
8. 不要试图通过增加珍珠层来达到颜色一致。（　）
9. 珍珠漆调色一般选用低浓度的透明色母。（　）
10. 珍珠漆色调的调整以调整侧面色调为主，兼顾正面色调。（　）

四、简答题

1. 珍珠漆按照颜料的颜色特性可以分为哪几类？各自有什么特点？

2. 珍珠漆具有哪些显色效应？

3. 怎样用目测法鉴别珍珠漆？

4．珍珠漆调色的基本原则是什么？

5．珍珠漆调色有哪些注意事项？

五、实践与练习

一辆丰田轿车前保险杠及栅格涂膜损伤，请根据颜色信息和资料，调配 500 mL 与车身颜色一致的白色珍珠漆，并写出具体的调色步骤。

图 4—3—1（彩色图见封 3）

课题四　水性漆调色

一、填空题（将正确答案填写在空白处）

1. 汽车水性漆是以＿＿＿＿＿＿作为油漆的主要溶解物和＿＿＿＿＿。

2. 水性漆与传统溶剂型漆一样，基本成分包括＿＿＿＿、颜料、＿＿＿＿和添加剂等。

3. 汽车水性漆按照树脂在水中分散的形态可以分为＿＿＿＿＿＿、水分散型漆和＿＿＿＿＿＿三种。

4. 现在市场上的优质汽车水性漆具有＿＿＿＿＿＿、＿＿＿＿＿＿、颜色鲜艳和修补性能好的特点。

5. 汽车水性漆调色系统中有水性素色色母、＿＿＿＿＿＿、水性珍珠色母和＿＿＿＿＿等。

6. 要求所有接触到水性漆的设备使用＿＿＿＿＿或＿＿＿＿制品。

7. 水性底色漆主要有＿＿＿＿＿＿和＿＿＿＿＿＿两类。

8. 要确定原车颜色，首先确定＿＿＿＿＿＿，然后在需要修补的地方附近＿＿＿＿，使其恢复本来颜色，最后在抛光区域借助＿＿＿＿比对，以确定颜色。

9. 水性漆对温度很敏感，如果贮存温度低于＿＿＿＿就会导致色母中＿＿＿＿＿＿＿沉淀。

10. 水性漆对容器、＿＿＿＿、＿＿＿＿＿＿等易受潮部位有腐蚀性。

二、选择题（将正确的选项填写在横线上）

1. 汽车水性漆每平方米比溶剂型漆减少＿＿＿＿g挥发性有机化合物的排放。

A. 80～100　　B. 100～120　　C. 120～140　　D. 140～150

2. 水分散型漆主要是指以＿＿＿＿乳液为成膜物配制的漆。

A. 天然树脂　　B. 合成树脂

C. 水溶树脂　　D. 乳胶树脂

3. 水性漆贮存的温度应控制在5～30℃之间，最佳贮存温度为＿＿＿＿℃。

A. 10　　B. 15　　C. 20　　D. 25

4. 汽车水性漆树脂一般能贮存1年，加入稀释剂后的混合涂料最长时间能保存＿＿＿＿个月。

A. 1　　B. 3　　C. 6　　D. 9

5. 水性底色漆喷涂后必须用水性漆专用吹风筒以＿＿＿＿cm的距离、45°的夹角吹干工作表面。

A. 30～40　　B. 40～50　　C. 50～60　　D. 60～70

6. 优质水性漆涂装排放的VOC较溶剂型漆降低了＿＿＿＿，符合当今以及未来法律法规的要求。

A. 43.5%　　B. 63.5%　　C. 73.5%　　D. 83.5%

7. 水性漆树脂粒径小于0.01的油漆为________水性漆。

A. 水溶性　　B. 水分散型　　C. 水稀释型　　D. 溶剂型

8. 当水性金属漆正面浅、侧面深，且颗粒不够闪烁的情况下可以加入________。

A. 白漆　　B. 控色剂　　C. 细银粉　　D. 普通银粉

9. 珍珠漆可适量添加________平衡正侧反相。

A. 白珍珠　　B. 干涉型珍珠　　C. 红珍珠　　D. 银珍珠

10. 水性漆调色时，侧面观察的角度应与车身呈________角。

A. 80°　　B. 120°　　C. 160°　　D. 180°

三、判断题（对的打“√”，错的打“×”）

1. 汽车水性漆主要是水溶性和水稀释型漆。（　　）
2. 水溶性汽车水性漆的颜色呈乳白色。（　　）
3. 水性漆表面张力大，难以渗入涂装表面的针眼和细缝。（　　）
4. 色母称量精确是保证颜色调配准确的基本前提。（　　）
5. 水性漆颜色的正面观察角度采用与车身呈90~150°角。（　　）
6. 汽车水性漆色母颜色鲜艳，遮盖力强。（　　）
7. 水性漆难润湿，颜料分散性不是很好。（　　）
8. 水性漆在湿膜状态下能反映涂膜真实的颜色。（　　）
9. 水性漆色调调整以正面色调调整为主，以侧面色调调整为辅。（　　）
10. 同一种类银粉颗粒越细，正面越亮，侧面越深。（　　）

四、简答题

1. 市场上的优质汽车水性漆有哪些优点？

2. 简述汽车水性漆调色的基本步骤。

3．汽车水性漆颜色微调的基本原则是什么？

4．汽车水性漆调色有哪些注意事项？

五、实践与练习

一辆奥迪 A4 轿车后保险杠涂膜损伤，请根据颜色信息及相关资料，调配 400 mL 与车身颜色一致的水性银粉漆，并写出具体的调色步骤。

图 4—4—1（彩色图见封 3）

课题五　修补色差的分析与控制

一、填空题（将正确答案填写在空白处）

1. 在汽车涂装修补中，修补区域与非修补区域出现____________的现象称为____________，简称色差。

2. 汽车涂装修补产生色差有汽车原厂____________带来的色差，汽车修补漆及调色系统引起的色差，汽车修补____________、面漆喷涂失当等方面的原因引起的色差。

3. 喷涂压力、____________、____________等不同都会导致修补涂膜产生色差。

4. 完备的调色系统包括____________、色卡、____________和色母系统等。

5. 色母系统的________和________是准确调色的基本前提。

6. 调色环境和条件、____________、____________是影响颜色调配准确程度的三大方面。

7. 汽车修补调色应配备专业的__________、电子秤、调色电脑、比色灯箱、样板、烘箱和__________等。

8. 实车喷涂参数，如喷涂气压、____________、喷涂距离、____________等与喷涂样板不一致，会产生颜色差异。

9. 修补调色以原厂____________或原厂差异色为调色基础，通过____________达到实际车身的颜色。

10. 把握调色依据的要点是准确辨别__________和找出与车身__________的颜色。

二、选择题（将正确的选项填写在横线上）

1. 汽车修补漆低温烘烤的温度一般在________℃之间。

   A. 35～55　　B. 45～65　　C. 55～75　　D. 65～85

2. ________采用静电喷涂与空气喷涂产生的颜色差异较大。

   A. 银粉漆　　B. 素色漆

   C. 底色漆　　D. 硝基漆

3. ________是缩小修补色差的主要手段。

   A. 把握配方　　B. 准确称量

   C. 正确比色　　D. 颜色微调

4. 干喷和湿喷金属漆使________的排列不同，颜色差异非常明显。

   A. 涂膜纹理　　B. 金属颜料颗粒

   C. 着色颜料颗粒　　D. 珍珠颜料颗粒

5. 修补调色应将________颜色作为调色标准。

   A. 标准样板　　B. 色卡

   C. 标准配方　　D. 实车

6. 色母质量可靠，________稳定是准确调色的基础条件。

A. 施工性能　　B. 修补性能

C. 颜色特性　　D. 环保特性

7. 用于调色的光源照度应不低于________ lx。

A. 1 000　　B. 2 000　　C. 3 000　　D. 4 000

8. 为了避免出现同色异谱现象，用________光源观察后，还需要用国际照明委员会推荐的 A 光源观察。

A. UV　　B. TL84　　C. F　　D. D65

9. 解决素色漆颜色添加过量的一般方法是加入________。

A. 互补色　　B. 主色冲淡

C. 白色　　D. 配方中颜色

10. 添加色母应从调漆杯的________加入，避免影响调色的准确性。

A. 中央　　B. 杯壁　　C. 一侧　　D. 周围

三、判断题（对的打“√”，错的打“×”）

1. 涂膜厚度不同可以产生颜色差异。（　　）
2. 汽车修补漆主要采用空气喷枪进行手工喷涂。（　　）
3. 同一品牌色母生产的批次不同，不会产生颜色差异。（　　）
4. 在自然光不足的条件下，要采用国际照明委员会（CIE）推荐的标准光源。（　　）
5. 配制涂料的固化剂、稀释剂的比例和种类不同，不会出现颜色差异。（　　）
6. 修补区域的涂膜纹理和光泽与非修补区域不同会产生色差。（　　）
7. 测色仪和调色软件提供的配方颜色与车身颜色一致。（　　）
8. 所有色母必须每天搅拌一次，每次 15 min。（　　）
9. 色母的称量一般使用色母的绝对量，以保证调色的精确程度。（　　）
10. 素色漆干燥后颜色会明显变深，银粉漆和珍珠漆干燥后颜色会变浅。（　　）

四、简答题

1. 简述调色色母对修补色差的影响。

2. 颜色微调技术不足主要表现在哪些方面?

3. 怎样才能准确把握调色依据?

4. 简述预防调色色差的措施。

5. 怎样用过渡喷涂法缓解或消除修补色差?

五、实践与练习

一辆喷涂白色银粉漆的汽车，其保险杠经过涂膜修补后出现色差。

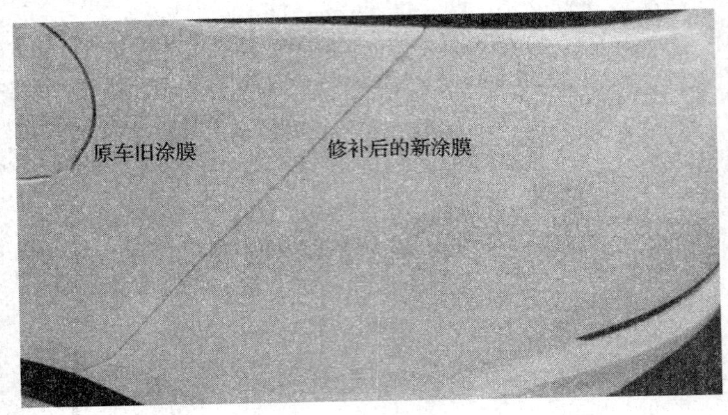

图 4—5—1（彩色图见封 3）

1. 分析色差产生的原因。

2. 提出具体的解决方案。

单元五　面 漆 配 制

课题一　面漆配制工具的使用

一、填空题（将正确答案填写在空白处）

1. 配制面漆的工具有__________、______________、__________和__________等。

2. 萨塔枪壶具有四项功能：________、________、快速更换以及作为储存容器使用。

3. 一般比例尺上有三列刻度，从左侧开始，第二列刻度指的是______________。

4. 用涂－4 黏度计测量涂料的黏度，计量单位为________。

5. 黏度计在测量黏度前需要调整______ 和 __________。

6. 按照用途不同，SATA RPS 多功能免洗枪壶分为____________枪壶和__________枪壶。

7. 比例尺根据用途不同，分为____________和____________。

8. 车身修补涂装的黏度计有__________黏度计、涂－4 黏度计、__________黏度计和 DIN－4 杯黏度计四种。

9. 涂料过滤网的规格用筛目数来表示，常用涂料滤网的规格有 80、________、150、________和 200 五种。

10. 汽车涂料产品说明书的内容通常包括产品特性、______________、涂装注意事项、卫生安全注意事项以及成分表和____________等。

二、选择题（将正确的选项填写在横线上）

1. 一般调漆比例尺上有三列刻度，其中不包括________刻度。

A. 涂料　　B. 稀释剂　　C. 固化剂　　D. 添加剂

2. 多功能萨塔枪壶配制水性漆时，用________ μm 的过滤网。

A. 200　　B. 125　　C. 150　　D. 100

3. 多功能萨塔枪壶的通用型过滤网规格是________ μm。

A. 125　　B. 100　　C. 150　　D. 200

4. 过滤清漆，一般采用________目过滤网。

A. 180～200　　B. 80～100　　C. 120～150　　D. 100～120

5. 测量黏度时，向黏度计的涂料杯中倒入涂料，涂料的高度为________。

A. 大半杯　　B. 半杯

C. 与杯子上边缘齐平　　D. 凸出杯子上边缘

6. 涂料黏度的计量单位是________。

A. 秒　　B. 分　　C. 度　　D. 米

7. 金属漆的过滤通常使用________目过滤网。

A. 60　　B. 100　　C. 150　　D. 200

8. 黏度计是用来检验涂料配制黏度是否符合________要求的工具。

A. 挥发　　B. 刮涂　　C. 固化　　D. 施工

9. 两次测定黏度值之差不应大于平均值的________，否则要重新测量。

A. 1%　　B. 3%　　C. 5%　　D. 8%

10. 测定黏度时，试样的温度控制在________℃。

A. 15 ±1　　B. 20 ±1　　C. 25 ±1　　D. 30 ±1

三、判断题（对的打“√”，错的打“×”）

1. 各家涂料公司的比例尺一般不可混用。（　）
2. 过滤网筛的目数越大，表示过滤网越细。（　）
3. 多功能萨塔枪壶配制涂料时，都是用 200 μm 的过滤网。（　）
4. 黏度计是以一定数量的涂料通过一定直径的小孔流出的时间来测量涂料的黏度。（　）
5. 在调漆时，粘在枪壶内壁的涂料不要刮下来，以免产生色差。（　）
6. 涂料杯必须干净无异物，其外形必须是圆锥形。（　）
7. 我国主要采用涂 -4 杯黏度计来测量配制涂料的黏度。（　）
8. 不同品牌、不同产品的配制比例和施工黏度肯定不一样。（　）
9. 测试前涂料必须搅拌均匀，过滤后静置 5 min 才能测试。（　）
10. 在涂料配制时，需要掌握涂料的类型和配制比例。（　）

四、简答题

1. 解释 2K 比例尺上三列刻度的含义。

2. 简述涂 -4 黏度计的使用步骤。

3. 配制涂料时，怎样查阅涂料产品说明书？

五、实践与练习

说出下图调漆尺上包含的信息，并回答下列问题。

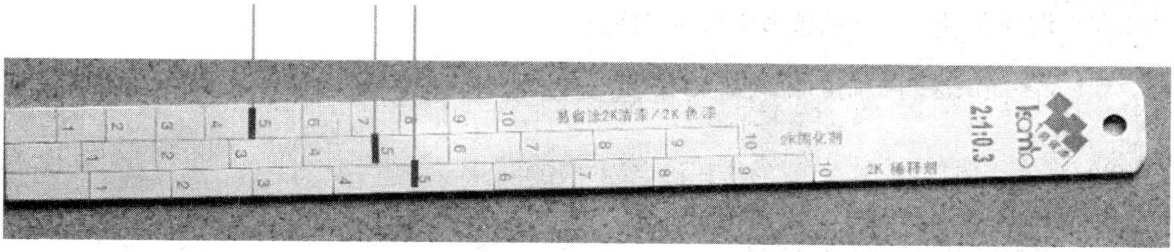

图 5—1—1

1. 该调漆尺的适用范围是：____

____。

2. 该调漆尺的配制比例是：____。

3. 图中三条指引线分别指引：____

____。

4. 怎样使用调漆尺配制涂料？

课题二　面漆的配制

一、填空题（将正确答案填写在空白处）

1. 向面漆中加入添加剂和__________，将面漆配制成____________的涂料的工艺称为面漆涂料的配制。

2. 面漆涂料的配制需要了解面漆的类型、面漆的____________和______________等相关技术信息。

3. 涂料的配制比例对于双组份面漆来说是________、__________、稀释剂的配比比例。

4. 在实际生产中，涂料的配制比例有____________、份数比例和____________三种。

5. 黏度一般以__________，采用__________黏度计来测定黏度值的大小。

6. 确认涂料时，需要核对涂料的类型、________、型号及________是否与所选的涂料完全相符。

7. 检查涂料的质量需要观察涂料是否有结皮、沉淀、________、变稠、浑浊、________等质量问题。

8. 如果涂料的黏度不符合要求，则需要加入________或__________进行调整。

9. 黏度检查的方法有__________和________________。

10. 根据汽车涂料黏度范围，一般选用__________、____________、ISO－4 杯等黏度计来测定其黏度。

二、选择题（将正确的选项填写在横线上）

1. 大多面漆涂料配制的比例都采用________比。

A. 质量　B. 重量　C. 体积　D. 密度

2. 百分比例是将________的体积设定为“100”。

A. 面漆　B. 固化剂　C. 稀释剂　D. 添加剂

3. 配制比例中的“4∶1∶1”是________比例。

A. 百分　B. 份数　C. 混合　D. 质量

4. 涂－4 杯黏度计规定的测量范围为________ s。

A. 20～60　B. 20～80　C. 20～100　D. 20～120

5. 涂料喷涂施工时的黏度称为涂料的________黏度。

A. 原始　B. 施工　C. 运动　D. 绝对

6. 为防止涂膜表面产生“鱼眼”缺陷，可以加入适量的________。

A. 防潮剂　B. 催干剂　C. 稳定剂　D. 防走珠水

7. 固化剂配比比例位于调漆尺上自左向右的第________列。

A. 一　B. 二　C. 三　D. 四

8. 涂料的配制比例对于单组份面漆来说是面漆和________的配比比例。

A. 稀释剂　B. 固化剂　C. 添加剂　D. 溶剂

9. 常见的单工序汽车修补面漆有双组份素色漆和双组份________。

A. 银粉漆　B. 珍珠漆　C. 水性漆　D. 罩光清漆

10. 中涂底漆的施工黏度一般为________ s（DIN－4）。

A. 14～16　B. 16～18　C. 18～20　D. 22～24

三、判断题（对的打“√”，错的打“×”）

1. 单组份面漆依靠溶剂的挥发固化成膜。（　）

2. 在没有特别说明的情况下，说明书所列出的涂料配制比例都是质量比例。（　）

3. 流量杯黏度计所测定的黏度为涂料的运动黏度。（　）

4. 金属底色漆的施工黏度为 24～26 s。（　）

5. 黏度计测量法在汽车涂装修补中很少使用。（　）

6. 涂料喷涂前过滤的唯一目的是为了减少喷枪的堵塞。 ( )
7. 常用的涂料过滤网是由铜丝或不锈钢丝制成的。 ( )
8. 面漆涂料喷涂前必须进行适当的添加和稀释处理。 ( )
9. 双组份修补漆可直接作为面漆使用，上面无须加喷罩光清漆。 ( )
10. 涂料喷涂时的黏度就是涂料的供货黏度。 ( )

四、简答题

1. 解释配制比例为“2:1:5～15%”的含义。

2. 简述面漆配制的步骤。

3. 以配制比例为4:1:1的涂料为例，说明涂料混合、配制的方法。

4．面漆配制的注意事项有哪些?

5．面漆配制后的6S操作包括哪些主要内容?

五、实践与练习

请使用SATA多功能枪壶配制300 mL庞贝捷公司生产的P190－6060超劲皇牌清漆，并回答下列问题。

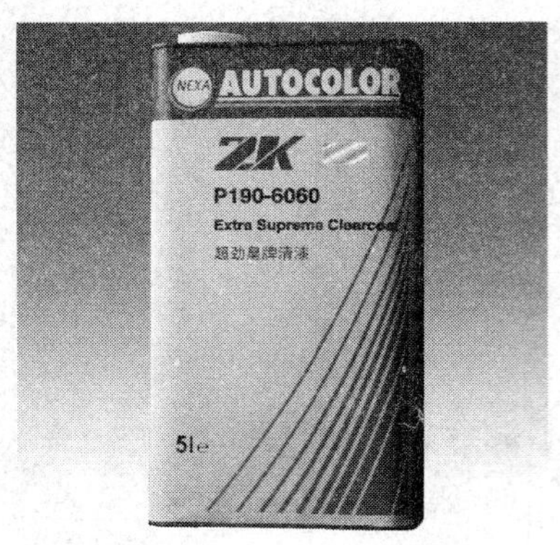

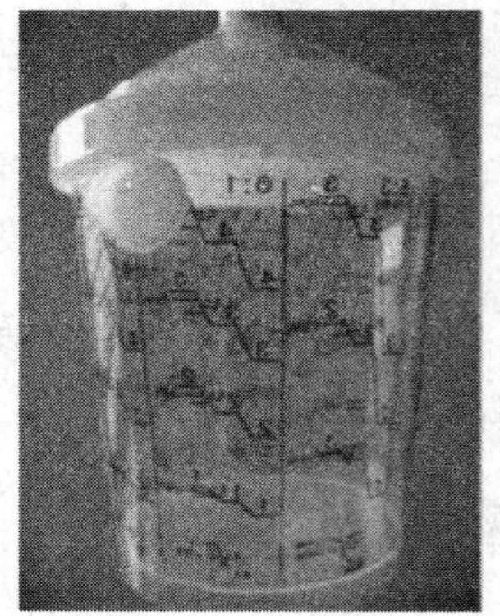

图5—2—1

1．P190－6060超劲皇牌清漆的配制比例是多少?

2. 简述配制 300 mL 清漆的具体步骤。

综合试卷一

一、填空题（将正确答案填写在空白处。每空 1 分，共 20 分）

1. 汽车涂料基本是由________、________和________三大部分组成。
2. 汽车涂料中主要的有害物质是______________或____________。
3. 配色天平的精确度一般为________。
4. 电脑调色系统由____________、____________、阅读机及__________等组成。
5. 汽车面漆涂层不但具有色泽艳丽、____________的装饰效果，而且还应具有良好的________、耐水、耐磨、耐油及耐化学腐蚀性。
6. 物体颜色产生的三个物理要素是________、物体、____________。
7. 通常把______________称为物体的三原色，也称为第一色。
8. 物体的颜色会因________、物体、____________等的不同而变化。
9. 汽车涂料的________和________不同，车身颜色与原厂颜色也会出现差异。
10. 根据面漆中颜料组成的不同，车身修补面漆分为素色漆、__________、珍珠漆和__________。

二、选择题（将正确的选项填写在横线上。每题 1 分，共 20 分）

1. 汽车外表的________以上都是涂装表面。

A. 70%　　B. 80%　　C. 90%　　D. 100%

2. 长期接触________会引起慢性中毒，形成白细胞减少、血小板降低、骨髓造血功能发生障碍等疾病。

A. 铬　　B. 铅　　C. 锌　　D. 苯

3. 调色比例不可以采用________方法确定。

A. 称重　　B. 比例尺

C. 调漆杯上比例刻度　　D. 目测

4. 在测色前，用________擦拭测量板，去除污垢，保证读数精确。

A. 抹布　　B. 粘尘布　　C. 除油剂　　D. 汽油

5. 素色漆在涂膜厚度达到________ μm 后即可显现完全的色调。

A. 25　　B. 50　　C. 75　　D. 100

6. 人眼所能感受到的光谱波长范围在________ nm 之间。

A. 180 ~ 480　　B. 280 ~ 680　　C. 380 ~ 780　　D. 480 ~ 980

7. 用于调色中基本颜色的涂料称为色母，一套色母系统只有________种色母。

A. 几　　B. 十几　　C. 几十　　D. 几百

8. ________是把调漆尺上涂料的颜色与车身颜色直接进行比对。

A. 比较法　　B. 点漆法

C. 涂抹法　　D. 制作样板法

9. 颜色分析的目的是根据颜色差异、________、色母特性的综合分析，找出涂料颜色所缺少的色母。

A. 调色规律　　B. 颜色色调

C. 颜色资料　　D. 颜色指南

10. 只含有着色颜料，呈现单一颜色的漆叫________。

A. 素色漆　　B. 银粉漆　　C. 珍珠漆　　D. 珍珠银

11. 金属漆的膜厚达到________ μm 就能显示完全色调。

A. 15～20　　B. 20～30　　C. 25～30　　D. 30～40

12. 白云母的结构是在透明云母外表面镀以________ μm 厚的二氧化钛。

A. 0.01～0.05　　B. 0.10～0.15　　C. 0.20～0.25　　D. 0.25～0.30

13. 汽车水性漆每平方米比溶剂型漆减少________ g 挥发性有机化合物的排放。

A. 80～100　　B. 100～120　　C. 120～140　　D. 140～150

14. 汽车修补漆低温烘烤的温度一般在________℃之间。

A. 35～55　　B. 45～65　　C. 55～75　　D. 65～85

15. 一般调漆比例尺上有三列刻度，其中不包括________刻度。

A. 涂料　　B. 稀释剂　　C. 固化剂　　D. 添加剂

16. 大多面漆涂料配制的比例都采用________比。

A. 质量　　B. 重量　　C. 体积　　D. 密度

17. 常用比色样板的大小一般为________。

A. 50 mm×60 mm　　B. 80 mm×100 mm

C. 120 mm×120 mm　　D. 150 mm×200 mm

18. 实际调色中，调漆人员经常先调________ g 或 100 g 小样。

A. 30　　B. 50　　C. 150　　D. 200

19. 目前汽车修补面漆主要采取________种方法设计色母系统。

A. 1　　B. 2　　C. 3　　D. 4

20. ________在汽车上主要用于金属漆和鲜亮的素色漆。

A. 有机颜料　　B. 无机颜料

C. 防腐颜料　　D. 着色颜料

三、判断题（对的打“√”，错的打“×”。每题 1 分，共 20 分）

1. 汽车涂装是指将涂料涂覆于经过处理的汽车底材表面上，经过干燥成膜的一种工艺。（　　）

2. 调漆作业中，活性炭对磁漆、硝基漆以及其他非氰化涂料有较好的防护效果，但对氰化涂料则无防护效果。（　　）

3. 涂料在使用以前需要充分混合，以防沉淀。（　　）

4. 测色仪用来测金属漆、珍珠漆通常不是很准确。（　　）

5. 素色漆是将非常细小的着色颜料均匀地分散在树脂基料中而制成的油漆。（　　）

6. 比色背景应以淡色色调为主，要避免鲜艳、反色的调色环境。 （ ）

7. 在颜色调配时，如果某种色漆的含量多，则混合成的颜色就带有含量多的原色。 （ ）

8. 粗糙的表面固有色表现较强，而且不易受环境色干扰。 （ ）

9. 手工微调必须一点点儿地添加所缺色母，每添加一次色母都要进行颜色比较。 （ ）

10. 银粉漆、珍珠漆和珍珠银统称为金属漆。 （ ）

11. 素色漆只含有着色颜料。 （ ）

12. 着色云母只是在透明云母表面镀上氧化铁，反射光变成了红色。 （ ）

13. 汽车水性漆主要是水溶性和水稀释型漆。 （ ）

14. 涂膜厚度不同可以产生颜色差异。 （ ）

15. 单组份面漆依靠溶剂的挥发固化成膜。 （ ）

16. 各家涂料公司的比例尺一般不可混用。 （ ）

17. 在彩色环境下看到物体的颜色是真实的。 （ ）

18. 涂料颜色所缺的色母不可能是颜色配方之外的色母。 （ ）

19. 调配好素色漆是调配汽车面漆颜色的基本功。 （ ）

20. 着色颜料是一些溶于水、油或溶剂的微小颗粒。 （ ）

四、简答题（每题 6 分，共 24 分）

1. 汽车涂装的作用是什么？

2. 水性漆调色的基本步骤是怎样的？

3．解释“7B3/10”的含义。

4．素色漆的色差分析与金属漆的色差分析有什么不同？

五、问答题（每题 8 分，共 16 分）

1．金属漆与素色漆有什么区别？

2．简述电子秤的使用方法。

综合试卷二

一、填空题（将正确答案填写在空白处。每空1分，共20分）

1. 常见的呼吸保护器有____________、__________________和__________________三种。

2. 调漆杯一般都是用塑料制成，具有质量轻、__________、耐高温、____________等特点。

3. ____________是高质量修补作业的关键之一。

4. 普通金属漆主要由树脂、____________、________________、溶剂、分散剂等组成。

5. 物体只______________属于本身颜色特性的光，其他颜色的光均被物体________了。

6. 调色时加入________或________可明显地降低颜色的彩度，使原颜色的色调减弱、改变，甚至消失。

7. 试样颜色比对的方法有比较法、__________、__________和制作色漆样板法。

8. 颜色配方分析包括配方中______________，配方中的主色、副色和次色，哪些色母缺少会产生______________，哪些色母缺少会产生明度和彩度的变化等。

9. 素色漆通常有________素色漆和________素色漆两种。

10. 涂膜中含有____________或能产生像________________的汽车面漆统称为金属漆。

二、选择题（将正确的选项填写在横线上。每题1分，共20分）

1. 固化剂使用时，应根据室外温度来选择，当室外温度为15～28℃时选用________。
   A. 快干固化剂　　B. 标准固化剂
   C. 慢干固化剂　　D. 随意

2. ________用于除油、清洗喷枪等与溶剂直接接触的场合。
   A. 棉纱手套　　B. 乳胶手套
   C. 防溶剂手套　　D. 防滑手套

3. UV的光源名称是________。
   A. 美式商用光源　　B. 比色参考光源
   C. 紫外光源　　D. 水平日光

4. 色卡左下角NO. 1的含义是________。
   A. 第一种颜色　　B. 主色　　C. 本色　　D. 色母

5. 新车修补可通过车身________确定车身涂膜类型。
   A. 涂膜颜色　　B. 测色仪　　C. 涂膜厚度　　D. 颜色代码

6. 颜色的三属性分别是色调、明度和________。
   A. 色相　　B. 亮度　　C. 彩度　　D. 灰度

7. 黄色的互补色是________。

A. 蓝色　B. 紫色　C. 蓝紫色　D. 紫红色

8. 用于视觉比色的光照强度一般控制在________ lx 之间。

A. 1 000～2 000　B. 1 500～3 000

C. 1 000～3 000　D. 2 000～3 000

9. 刮涂或喷涂好的样板需要静置________ min 使溶剂充分挥发，然后才能烘烤。

A. 3～5　B. 3～8　C. 5～10　D. 10～15

10. 在涂膜干燥过程中，颜料的________对涂膜颜色的影响较大。

A. 颗粒大小　B. 溶解能力

C. 上下沉浮　D. 颜色特性

11. 铝粉颜料随生产厂家的不同而有所不同，总体大约有________种。

A. 10～20　B. 20～30　C. 30～40　D. 40～50

12. 黄珍珠正面反射黄光，背面透射________光。

A. 红　B. 黄　C. 蓝　D. 绿

13. 水性漆贮存的温度应控制在 5～30℃之间，最佳贮存温度为________℃。

A. 10　B. 15　C. 20　D. 25

14. ________是缩小修补色差的主要手段。

A. 把握配方　B. 准确称量

C. 正确比色　D. 颜色微调

15. 多功能萨塔枪壶通用型过滤网规格是________ μm。

A. 125　B. 100　C. 150　D. 200

16. 配制比例中的“4∶1∶1”是________比例。

A. 百分　B. 份数　C. 混合　D. 质量

17. 如果没有阳光，则必须使用专用________进行比色。

A. 日光灯　B. 白炽灯　C. 紫外灯　D. 配色灯

18. 向混合涂料中加入________可以提高颜色的彩度。

A. 间色　B. 原色　C. 复色　D. 消色

19. 颜色比较时，实验样板和标准样板最好________一致。

A. 大小　B. 材质　C. 轻重　D. 干湿

20. 汽车银粉漆中铝粉颗粒的尺寸为________ μm。

A. 7～20　B. 7～30　C. 7～40　D. 7～50

三、判断题（对的打“√”，错的打“×”。每题 1 分，共 20 分）

1. 轿车涂层总体厚度一般控制在 100 μm 左右。（　）
2. 干粉灭火器适用于火源集中、泡沫容易堆积等场合的火灾扑救。（　）
3. 在调漆过程中，比例尺可以当作搅拌杆使用。（　）
4. 测色仪每使用一天，需要校准一次。（　）
5. 聚氨酯漆的耐候性能、施工性能、低温固化性能优于其他涂料。（　）
6. 部分色盲多为红绿色盲或蓝色盲。（　）

7. 消色通常在颜色转向调整时使用。 (　　)

8. 点漆法存在涂层厚度不一带来的色差。 (　　)

9. 对比两种颜色时，只有当其色调、明度、彩度三者都相同时，这两种颜色才相同。 (　　)

10. 色母的颜色特性由色母中树脂的显色特点决定。 (　　)

11. 无机颜料颜色的鲜艳度比有机颜料好。 (　　)

12. 三工序珍珠漆的底色漆可以是素色漆，也可以是银粉漆。 (　　)

13. 水性漆表面张力大，难以渗入涂装表面的针眼和细缝。 (　　)

14. 同一品牌色母生产的批次不同，不会产生颜色差异。 (　　)

15. 多功能萨塔枪壶配制涂料时都是用 200 μm 的过滤网。 (　　)

16. 流量杯黏度计所测定的黏度为涂料的运动黏度。 (　　)

17. 视觉比色通常采用南边窗进入的自然光线。 (　　)

18. 改变色母的比例不能改变颜色的色调。 (　　)

19. 加入色母时，应先加入次色母，再加入副色母，最后加入主色母。 (　　)

20. 与铝颜料不同，钛膜云母颜料具有光的反射和折射特性。 (　　)

四、简答题（每题 6 分，共 24 分）

1. 什么是色母？汽车修补涂装用的色母有哪些类型？

2. 用调色软件查询颜色配方有哪几种方法？

3. 什么是彩度？物体的颜色与哪些因素有关？

4．什么是手工微调？

五、问答题（每题 8 分，共 16 分）

1．银粉漆明度的调整方法是怎样的？

2．颜色微调技术的不足主要表现在哪些方面？

综合试卷三

一、填空题（将正确答案填写在空白处。每空 1 分，共 20 分）

1. 调漆时需要佩戴护目镜，护目镜镜片进行了__________处理，具有____________功能，以保证涂装作业的正常进行。

2. 比色灯箱是在光线不好的情况下模拟__________的环境进行调色。

3. Ounces 的单位名称是________，Grams 的单位名称是________。

4. 云母颗粒是以________作为基础材料，其外包裹有____________或__________薄膜的一种效应颜料。

5. 缺乏色觉或色觉不全称为色盲，色盲可分为________与____________。

6. 进行调色作业应穿戴的防护用具有工作帽、护目镜、__________________、防静电工作服、___________、工作鞋等。

7. 观察色板需要采用____________和____________的方法。

8. 比色时，将两个板件对准光源，眼睛从________、正面和________三个位置进行观察。

9. 素色漆有较高的__________和较好的____________，涂装后具备良好的光泽度和鲜映性。

10. 着色颜料按照来源可以分为____________和____________两类。

二、选择题（将正确的选项填写在横线上。每题 1 分，共 20 分）

1. 在调配珍珠银粉漆时，如果较浓，则可以加入 1K 调和树脂进行冲淡，但添加时应控制在________以内，过多会使遮盖力变差。

A. 5%　　B. 10%　　C. 15%　　D. 20%

2. 当工作服着火时，切勿惊慌失措，应采用________灭火。

A. 泡沫式　　B. 干粉

C. 水　　D. 就地打滚

3. 电子秤中菜单栏有三项选择，分别为 g、OZ、P，其中 OZ 是________。

A. 克　　B. 盎司　　C. 英镑　　D. 千克

4. 在选择颜色匹配率时，素色漆的匹配比率数值必须________。

A. 小于 20　　B. 小于 10

C. 大于 15　　D. 大于 10

5. 用一块在清漆溶剂中浸泡过的白色抹布擦拭旧涂膜，如果涂膜不溶解，则旧涂膜为________涂料。

A. 催化固化型　　B. 溶剂挥发型

C. 双组份型　　D. 单组份型

6. 人眼对明暗的改变很敏感，反射光的明度变化________人眼也能感觉出来。

A. 0.1%　　B. 1%　　C. 5%　　D. 10%

7. 色母上调漆机之前，先用振动机摇动________ min 将其摇匀。

A. 3~5　　B. 5~10　　C. 10~15　　D. 15~20

8. 正面观察是指目光以90°正视色板，用于观察表面________。

A. 色调　　B. 明度　　C. 彩度　　D. 颜色

9. 向涂料中加入________色母可提高其明度。

A. 黑　　B. 白　　C. 灰　　D. 红

10. 黑、白色母的加入可以调整素色漆的明度，但会使涂料的________降低。

A. 明度　　B. 色调

C. 彩度　　D. 遮盖力

11. 当铝粉平行于底材定向排列时，正面观察涂层最________，侧面观察颜色最________。

A. 亮，暗　　B. 暗，亮　　C. 亮，亮　　D. 暗，暗

12. 用银粉做底色漆时，通常使用________的银粉。

A. 较粗较闪　　B. 较粗较暗

C. 较细较闪　　D. 较细较暗

13. 水性底色漆喷涂后必须用水性漆专用吹风筒以________ cm 的距离、45°的夹角吹干工作表面。

A. 30~40　　B. 40~50

C. 50~60　　D. 60~70

14. 修补调色应将________颜色作为调色标准。

A. 标准样板　　B. 色卡

C. 标准配方　　D. 实车

15. 测量黏度时，向黏度计的涂料杯中倒入涂料时，涂料的高度为________。

A. 大半杯　　B. 半杯

C. 与杯子上边缘齐平　　D. 凸出杯子上边缘

16. 涂料喷涂施工时的黏度称为涂料的________黏度。

A. 原始　　B. 施工　　C. 运动　　D. 绝对

17. 观察较小的物体一般保持________ m 左右的距离。

A. 0.5　　B. 1　　C. 3　　D. 5

18. ________色母属于遮盖力好的色母。

A. 白　　B. 艳黄　　C. 深红　　D. 标准蓝

19. 添加色母调整色调时，以靠近________的邻近色为第一选择。

A. 副色　　B. 主色　　C. 次色　　D. 互补色

20. 多色银粉漆中，银粉色母决定颜色的明度和彩度，而________色母决定颜色的色调。

A. 珍珠　　B. 纯色　　C. 底色　　D. 多色

三、判断题（对的打“√”，错的打“×”。每题1分，共20分）

1. 局部修补时，用驳口水溶接2K色漆、2K清漆漆膜的新旧接口位置，能使新旧漆膜融为一体，无修补痕迹。（ ）

2. 滤毒罐中的活性炭滤芯通常用无毒、无味、无过敏源和无刺激性材料制成，可以吸附空气中的有害物质。（ ）

3. 只要等到试验样板上涂膜表面干了就可以与标准样板进行比色。（ ）

4. 在选择匹配颜色配方时，匹配比率的数值越大，匹配率越高。（ ）

5. 清漆是由树脂和溶剂组成的涂料，漆中不含颜料，不需要经过调色就可以直接使用。（ ）

6. 在色环图上，每一个色调区域分布的不是单一的基本色调。（ ）

7. 色母的称量一般不使用色母的绝对量，而使用累积量。（ ）

8. 调色人员不能穿颜色鲜艳的衣服进行调色，不能戴有色眼镜调色。（ ）

9. 颜色的三个属性相互独立，但不能单独存在，它们之间的变化是相互联系、相互影响的。（ ）

10. 调色最好不要先调色调，因为深浅不一致时色调很难比较。（ ）

11. 乳白颜料与普通白颜料相比，遮盖力相对较差，但颜色丰富。（ ）

12. 双工序珍珠漆调色的施工程序与银粉漆调色基本一致。（ ）

13. 水性漆颜色的正面观察角度采用与车身呈90～150°角。（ ）

14. 配制涂料的固化剂、稀释剂的比例和种类不同，不会出现颜色差异。（ ）

15. 在调漆时，粘在枪壶内壁的涂料不要刮下来，以免产生色差。（ ）

16. 黏度计测量法在汽车涂装修补中很少使用。（ ）

17. 观察完鲜艳颜色后，可以立即观察较为暗淡的颜色。（ ）

18. 加入白色或黑色的量越多，彩度越低，同时色调也相应变浅或变深。（ ）

19. 在保证颜色符合要求的前提下，所使用的色母品种应尽量多。（ ）

20. 石墨颜料的遮盖力比普通黑色颜料高。（ ）

四、简答题（每题6分，共24分）

1. 常见的灭火方法有哪三种？

2. 简述汽车电脑调色的基本原理。

3. 什么是互补色？在调色过程中怎样正确使用互补色？

4. 怎样微调色漆颜色的彩度？

五、问答题（每题8分，共16分）

1. 珍珠漆具有哪些显色效应？

2. 简述预防调色色差的措施。

综合试卷四

一、填空题（将正确答案填写在空白处。每空 1 分，共 20 分）

1. 眼睛和脸部的防护用具有__________、护目镜和____________三种。

2. 调漆杯根据杯子硬度的不同，分为______________和______________。

3. 测色仪由配色检测仪、__________、连接线、______________、白色校准板等组成。

4. 面漆性能的好坏，主要取决于____________的好坏，但与其相配套底漆的性能、配套性和____________也有较大关系。

5. __________________等色调明度最高，__________________等色调明度最低。

6. 在车身上查找不到颜色信息时，可以通过查找汽车____________或汽车涂料商提供的____________查找颜色代码。

7. 常见的色母指南资料有________和__________。

8. 根据遮盖力的不同，所有的色母可以分成________________、遮盖力较差的色母和____________三大类。

9. 颜色太浑浊要变清澈一点儿时，可减少____________色母，也可以加入__________使颜色彩度提高。

10. 汽车银粉漆按照铝粉颗粒的闪光特性，可以分为____________和____________。

二、选择题（将正确的选项填写在横线上。每题 1 分，共 20 分）

1. 二甲苯属于________类溶剂。
   A. 烃类　　B. 烯类　　C. 酸类　　D. 醇类

2. 调漆作业时需要佩戴________手套。
   A. 棉纱　　B. 防滑　　C. 防溶剂　　D. 乳胶

3. 涂料中的树脂、溶剂及颜料，由于它们的________不同，经过一段时间就会分离。
   A. 质量　　B. 重量　　C. 密度　　D. 体积

4. 车身颜色代码不可能位于车身的________上。
   A. 散热器支架　　B. 门锁支柱
   C. 保险杠　　D. 挡泥板上

5. 普通空气喷涂的涂着率只有________，涂料的消耗量相对较大。
   A. 20% ~40%　　B. 30% ~50%
   C. 40% ~60%　　D. 50% ~70%

6. 色彩的彩度与物体的________有关。
   A. 形状　　B. 大小
   C. 颜色　　D. 表面结构

7. 色母上架后的保质期一般不超过________年，时间太长会使色母质量下降。

A. 0.5　　B. 1　　C. 1.5　　D. 2

8. 侧面观察是以与色板呈________的侧角来观察，主要用于观察底色调。

A. 15°或160°　　B. 25°或140°

C. 45°或110°　　D. 65°或110°

9. 在现实调色中，很多人经常取100 mL配方中色母质量的________作为色母的基本添加量。

A. 5%　　B. 10%　　C. 20%　　D. 30%

10. 素色漆配方中一般只含有________种及以下的色母。

A. 6　　B. 5　　C. 4　　D. 3

11. ________时铝粉颗粒大多平行于底材表面，正面显得比较亮，侧面比较暗。

A. 雾喷　　B. 湿喷　　C. 干喷　　D. 着色喷涂

12. 调整珍珠漆正侧面主要依靠________色母来表现。

A. 素色漆　　B. 银粉漆

C. 珍珠漆　　D. 底色漆

13. 水性漆树脂粒径小于0.01的油漆为________水性漆。

A. 水溶性　　B. 水分散型

C. 水稀释型　　D. 溶剂型

14. 用于调色的光源照度应不低于________lx。

A. 1 000　　B. 2 000　　C. 3 000　　D. 4 000

15. 金属漆的过滤通常使用________目过滤网。

A. 60　　B. 100　　C. 150　　D. 200

16. 固化剂配比比例位于调漆尺上自左向右的第________列。

A. 一　　B. 二　　C. 三　　D. 四

17. 在模拟日光条件下观察颜色，以________光源为佳。

A. U30　　B. TL84　　C. UV　　D. D65

18. 调色需要添加配方之外的色母一定要与颜色配方中色母的________相同。

A. 性质　　B. 成分

C. 生产厂家　　D. 漆基类型

19. 黄色系列中偏青偏浅的颜色以________为主色母。

A. 柠檬黄　　B. 橙黄

C. 中黄　　D. 泥黄

20. 调配蓝银时，根据正侧面表现可适量加入________色母来调配色调与彩度。

A. 素色　　B. 银粉

C. 珍珠　　D. 白色

三、判断题（对的打“√”，错的打“×”。每题1分，共20分）

1. 按照使用效果不同，涂料可分为清漆、色漆和原子灰。（　　）

2. 防溶剂手套适用于刮涂、调色、喷涂等与溶剂不直接接触的场合。（　　）

3. 比色灯箱是一种模拟自然光环境的调色设备。 ( )

4. 现代修补调色通常使用按照色系划分的调色色卡。 ( )

5. 双组份反应型和烘干型涂料干燥后形成的涂膜硬度高，挥发干燥型涂膜的硬度低。 ( )

6. 任何一种颜色如果加入白色，可以提高混合颜色的明度。 ( )

7. 搅拌的速度不能过快，否则会使涂料混入空气而产生大量的气泡。 ( )

8. 在色轮图上，某一色调只可能向其左右相邻区域的色调发生偏向。 ( )

9. 涂料中加入遮盖力好的色母，颜色变化会不明显。 ( )

10. 观察涂膜时一定要选择明亮处的直射日光。 ( )

11. 铝粉的径厚比越大，其遮盖力也就越弱。 ( )

12. 珍珠色母颜料比重小，容易漂浮。 ( )

13. 水性漆难润湿，颜料分散性不是很好。 ( )

14. 测色仪和调色软件提供的配方颜色与车身颜色一致。 ( )

15. 我国主要采用涂 -4 杯黏度计来测量配制涂料的黏度。 ( )

16. 常用的涂料过滤网是由铜丝或不锈钢丝制成的。 ( )

17. 在颜色的三属性中，明度比较难于分辨。 ( )

18. 当色漆比车身颜色浅时，应加入浅色、白色或银粉来冲淡稀释。 ( )

19. 要提高红色的明度需要加入橙色，不能加入白色。 ( )

20. 银粉漆正侧面都太暗时，需加入银粉冲淡，以减少素色色母的比例。 ( )

四、简答题（每题 6 分，共 24 分）

1. 简述涂装中三种常用呼吸保护器的作用和使用场合。

2. 简述普通金属漆的特点。

3．简述常规配方调色的基本施工流程。

4．汽车面漆按照漆中颜料组成怎样分类？各自有哪些特点？

五、问答题（每题 8 分，共 16 分）

1．珍珠漆调色的基本原则是什么？

2．简述涂 -4 杯黏度计的使用步骤。

综合试卷五

一、填空题（将正确答案填写在空白处。每空1分，共20分）

1. 调漆中心用电设备及照明电器应采用__________，确保__________。

2. 电子秤由托盘秤、____________和____________组成。

3. 测色仪由配色检测仪、_________、连接线、____________、白色校准板等组成。

4. 施工条件是指施工时的__________、湿度、____________及风速、照明度等。

5. 任何颜色都可用孟塞尔颜色立体上的_______、明度和_______这三项坐标进行标定。

6. 素色漆调色可以用_________法和_________法制作比色样板。

7. 在进行视觉比色时，会受不同的观察者、__________、__________、周围环境、试样大小等影响而产生差别。

8. 当色漆比车身颜色浑浊时，可加浅色或_______将原色冲淡，再加入_________。

9. 白色系列颜色一般以_______为主色。偏黄的加入适量的_______，有时需要加少量的铁红。

10. 银粉漆色调的调整原则是以__________调整为主，以__________调整为辅。

二、选择题（将正确的选项填写在横线上。每题1分，共20分）

1. 按照涂料中主要成膜物质的不同，涂料可分为_______类。

A. 8　　B. 12　　C. 16　　D. 18

2. 液体溶剂、涂料类失火应采用_______灭火器灭火。

A. 酸碱式　　B. 泡沫式

C. 二氧化碳　　D. 四氯化碳

3. 调漆杯根据大小不同，有0.2 L、0.3 L、0.5 L、1 L、_________L等不同容量。

A. 1.2　　B. 1.3　　C. 1.5　　D. 2

4. 颜色配方查询的模式有颜色代码查询法、_______查询法、综合信息查询法三种。

A. 车辆信息代码　　B. 颜色品牌代码

C. 颜色编码　　D. 车型编码

5. 涂料的用量在实际生产中经常采用体积单位，涂料的最小用量为_______L。

A. 0.05　　B. 0.1　　C. 0.2　　D. 0.5

6. 孟塞尔颜色系统中央轴代表白黑系列中性色明度的_______个等距离等级。

A. 8　　B. 10　　C. 11　　D. 12

7. 试板刮涂三角形的边长要在________ mm 以上。

A. 10　　B. 20　　C. 30　　D. 40

8. 比色样板与目标板在任何光源下观察都完全等色，称为________。

A. 同色同谱　　B. 同色异谱

C. 异色同谱　　D. 异色异谱

9. 添加色母的________过小往往使混合涂料颜色变化很慢或基本无变化。

A. 基本量　　B. 总量

C. 体积　　D. 数量

10. 浓度高的色母浓度一般是低浓度色母的________倍。

A. 1～2　　B. 3～5

C. 6～8　　D. 6～10

11. 使用________色母能使银粉正面变亮、变鲜艳，侧面变深、变暗。

A. 透明性　　B. 不透明性

C. 高浓度　　D. 中等浓度

12. ________珍珠一般与蓝珍珠、红珍珠、紫珍珠、绿珍珠、白珍珠及古铜珍珠等搭配使用。

A. 黑　　B. 白　　C. 银　　D. 金

13. 珍珠漆可适量添加________平衡正侧反相。

A. 白珍珠　　B. 干涉型珍珠

C. 红珍珠　　D. 银珍珠

14. 解决素色漆颜色添加过量的一般方法是加入________。

A. 互补色　　B. 主色冲淡

C. 白色　　D. 配方中颜色

15. 两次测定黏度值之差不应大于平均值的________，否则重新测量。

A. 1%　　B. 3%　　C. 5%　　D. 8%

16. 常见单工序汽车修补面漆有双组份素色漆和双组份________。

A. 银粉漆　　B. 珍珠漆

C. 水性漆　　D. 罩光清漆

17. 视觉比色时，初学者最好借助________等辅助工具来进行辨色。

A. 色母特性表　　B. 颜色树

C. 色环图　　D. 色轮图

18. 当色漆比车身颜色显鲜艳时，加入少量________色母。

A. 主色　　B. 副色

C. 黑色或白色　　D. 红色或蓝色

19. 尽量不选用________的色母作为主色。

A. 低浓度　　B. 中等浓度

C. 高浓度　　D. 浓缩

20. ________可使铝粉的反射在直接观察时大且黑。

A. 添加剂 A　　B. 添加剂 B

C. 添加剂 C　　　　　　D. 添加剂 D

三、判断题（对的打“√”，错的打“×”。每题 1 分，共 20 分）

1. 根据固体含量的多少，清漆分为低浓清漆和中浓清漆。（　）
2. 稀释剂、清漆、色漆着火时可以用水浇灭。（　）
3. 为了方便比色，比色灯箱的内壁采用中白色亚光面。（　）
4. 颜色配方查询是电脑调色的基础和前提。（　）
5. 考虑修补面漆的施工性能是选择面漆的首要问题。（　）
6. 加入的不同品种的颜色越多，混合颜色的彩度就越低。（　）
7. 快速配方调色比较准确，往往用于调色要求高的场合。（　）
8. 色母在色轮上的位置越靠近色轮的中心，色母就越鲜艳、越亮。（　）
9. 调整颜色色调时，每次只针对一个变量做调整，确保色调走向正确。（　）
10. 白色母和某些黄色母是比重最大的一类色母，常产生干湿涂膜之间的明显颜色差异。（　）
11. 银粉漆正面太亮、侧面太暗时，可以用粗银取代幼银。（　）
12. 珍珠漆调色一般选用低浓度的透明色母。（　）
13. 水性漆色调调整以正面色调调整为主，以侧面色调调整为辅。（　）
14. 色母的称量一般使用色母的绝对量，以保证调色的精确程度。（　）
15. 测试前涂料必须搅拌均匀，过滤后静置 5 min 才能测试。（　）
16. 双组份修补漆可直接作为面漆使用，上面无须加喷罩光清漆。（　）
17. 观察较大物体的颜色一般要保持 3 ~ 5 m 的距离。（　）
18. 当色漆比车身颜色显鲜艳时，可以加入少量黑色或白色色母。（　）
19. 比色时，要求湿漆调配得比标准样板的颜色深。（　）
20. 银粉漆调色应尽量避免使用高浓度的白色母。（　）

四、简答题（每题 6 分，共 24 分）

1. 在调色过程中使用的样板如何分类?

2. 怎样用溶剂法鉴别车身原涂层涂料的类型？

3. 简述视觉比色的方法。

4. 解释配制比例为“2:1:5～15%”的含义。

五、问答题（每题 8 分，共 16 分）

1. 市场上的优质汽车水性漆有哪些优点？

2. 怎样调整素色漆的明度?